PASTEUR

(1822-1895)

PASTEUR

LETTRES ET DISCOURS

*Cette édition établie aux frais et
pour les membres de la Société
LES BIBLIOPHILES COMTOIS
a été tirée à cent trente cinq
exemplaires*

JUSTIFICATION DU TIRAGE

1 à 105. — Exemplaires réservés aux membres de la Société.

106 à 123. — Exemplaires mis dans le commerce.

124 à 135. — Exemplaires réservés aux collaborateurs.

EXEMPLAIRE IMPRIMÉ

POUR

PASTEUR

LETTRES ET DISCOURS

Introduction de René Vallery - Radot

Portrait gravé par F.-L. Schmied

BESANÇON

LES BIBLIOPHILES COMTOIS

MCMXXVII

INTRODUCTION

DE

René Vallery-Radot

Parmi les monuments, les statues et les bustes élevés en France à la gloire de Pasteur, les uns ont été inspirés dans un élan d'admiration nationale, les autres comme le témoignage de la gratitude particulière éprouvée par telle province pour les bienfaits d'une de ses découvertes. Traduite sous cette seconde forme, l'œuvre de Pasteur est fragmentée. Toutefois, restreinte ou complète, elle évoque toujours la puissance de celui qui savait sous l'ensemble des faits découvrir des lois.

Quelques clartés de ses travaux comme de ses actes apparaissent dans ce livre précieux publié avec tant de soin et de goût par les *Bibliophiles Comtois*. Mais pour projeter plus de lumière sur les divers aspects de Pasteur, une évocation rapide peut faire passer, comme sur un écran, les divers hommages qui montent vers sa mémoire.

Si sur plusieurs points de France sont célébrées des découvertes de Pasteur et si l'ensemble de sa vie laborieuse et rayonnante apparaît dans une grande ville, dans Paris surtout, le Pasteur intime, celui de tous les jours, tel que l'ont connu et aimé sa famille, ses collaborateurs, ses disciples, ses compatriotes, revit dans les souvenirs qui s'élèvent nombreux sur le sol de la Franche-Comté. Cette province, il en aimait les habitants, le sol, les prairies, les rochers, les vastes forêts, les immenses horizons. Et, par un juste retour, cette province, qui peut si bien se reconnaître dans son glorieux fils, lui a voué un culte pénétré de tendresse.

*
* *

La date des monuments érigés importe moins que le rappel des découvertes successives. Aussi la ville de Strasbourg, où Pasteur arriva en 1849, à l'âge de vingt-sept ans, comme professeur suppléant de chimie, doit-elle être nommée d'abord.

Pasteur avait une réputation commençante ; il avait témoigné d'une rare sagacité dès ses premières recherches. Au milieu de ses études sur la cristallographie qui l'intéressaient passionnément, quand il était élève de l'École Normale, il avait trouvé ce qui avait échappé à des savants célèbres : la constitution d'un acide appelé à volonté acide paratartrique ou racémique et regardé alors comme mystérieux. A ses recherches cristallographiques, il avait associé la chimie, la physique et l'optique. Pressentir sous tel aspect d'un cristal l'indice de ce qui existe à l'intérieur des molécules, — la dissymétrie de la forme correspondant à la dissymétrie moléculaire, — c'était là une de ses idées directrices qui allaient éclairer sa première et grande étape dans la science. « Il y a des merveilles sous la cristallisation, disait-il, et par elle la constitution intime des corps sera un jour dévoilée. »

Une autre route heureuse lui apparut dès sa venue à Strasbourg. Fiancé à l'une des filles du Recteur de l'académie, Mlle Marie Laurent, il écrivait dans une de ses lettres : « Toutes les qualités que je pouvais désirer pour une femme, je les trouve en elle. »

Souvent, quand il rappelait cette période, il en redisait l'enchantement dans l'amour du travail, l'enthousiasme de la jeunesse et le culte du foyer.

Soixante-dix ans plus tard, lorsque les terribles cyclones de la guerre eurent passé et que l'Alsace reprit sa place dans la France dont elle avait été arrachée, les Alsaciens conçurent le projet de rendre à jamais durable le souvenir de Pasteur à Strasbourg. L'intention fut accueillie avec enthousiasme. Il est fâcheux toutefois qu'un artiste, un savant, un lettré n'ait pas suggéré alors l'idée que Pasteur devait être représenté jeune.

Sur cette même place, mais un peu en dehors du passage des foules, est une statue de Gœthe. Debout, il apparaît dans le double charme de la jeunesse et de la gloire qui se lève.

Les deux statues, placées à peu de distance, eussent symbolisé l'une la poésie, l'autre la science, toutes deux rappelant la matinée de la vie chez Gœthe et chez Pasteur. Mais la plupart des Français étaient encore sous une étreinte trop violente et trop douloureuse de la guerre subie pour accepter la double et voisinante vision de deux génies immortels de l'Allemagne et de la France.

Le concours une fois achevé, et l'inauguration à la veille d'être faite pour le Centenaire de Pasteur, il y eut, sur l'admirable place et devant les nobles lignes du Palais de l'Université, plusieurs groupes de passants stupéfaits. Où est la relation, disaient-ils, entre le grand souvenir qu'il s'agit de célébrer et les deux statues dorées de ces hommes, l'un debout, l'autre assis sur le bord d'un bassin? Que font-ils là? C'est confondant.

Toutefois, pour rappeler Pasteur, s'élève près du bassin un petit obélisque. Les dessins gravés de quelques formes cristallines évoquent vaguement les recherches de Pasteur à Strasbourg. Un médaillon encastré le représente non pas jeune, mais âgé. Pourquoi? Il eût été si facile, à l'aide de documents, de le représenter comme il était à la première période de sa vie scientifique.

Ce n'est pas le lieu d'entrer dans les détails sur les résultats obtenus par Pasteur et les particularités des phénomènes qu'il faisait naître au cours de ses recherches cristallographiques. Il imaginait, il vérifiait, il démontrait, il s'élevait à des vues toujours nouvelles, à des conceptions de plus en plus larges et fécondes.

Au mois de septembre 1854, il fut nommé, à trente-deux ans, professeur et doyen de la Faculté des sciences de Lille.

Sa joie fut grande quand il apprit que, par un décret impérial, les élèves pouvaient répéter dans les laboratoires les principales expériences faites dans les cours. C'était la certitude d'intéresser des fils d'industriels et de les attirer vers la science.

Eveiller la curiosité vive, ardente des jeunes gens ; faire que ses recherches personnelles fussent traduites par des découvertes fertiles en bienfaits collectifs, c'était là son rêve. Il n'allait pas tarder à le réaliser.

Étudiant la fermentation du lait aigri, appelée fermentation lactique, il vit des globules dans une substance grise ; il isola et sema dans un liquide une trace de cette substance. Une fermentation lactique se produisit. Cette substance organisée était donc bien le ferment. Il poursuivit ses études. Dans le sujet des fermentations regardé alors comme si obscur, il put tout éclairer.

Chaque fermentation est le produit du développement d'un ferment spécial. Cette formule prouvée, que de découvertes allaient être faites !

Le monument grandiose qui s'élève à Lille ne rappelle pas seulement la gratitude de la brasserie par l'aspect d'un ouvrier brasseur, disciple de l'enseignement donné, mais encore il montre, par la représentation d'une mère élevant son enfant vers Pasteur, quelle est la reconnaissance de l'humanité pour cette vie si bienfaisante.

Nommé à Paris directeur des études scientifiques à l'École Normale, Pasteur était tout entier à ses expériences et à la fin de ses études combattues alors sur les générations dites spontanées lorsque, sur les instances de son maître J.-B. Dumas, il quitta le coin de grenier qui lui servait de laboratoire et vint à Alais. Les désastres causés par la maladie des vers à soie étaient tels que les habitants ruinés et découragés arrachaient les mûriers.

Pasteur, lors de son arrivée, ne connaissait rien de cette maladie contagieuse et héréditaire, appelée la pébrine. Pour la combattre, tous les remèdes avaient été tentés. Aucun n'avait réussi. Attiré à la fois par l'étude scientifique du problème et vivement ému par la misère générale qui s'étendait toujours davantage sur les départements séricicoles, Pasteur porta sa puissance d'observation sur les chambrées de vers à soie. Il se penchait sur les claies, il suivait, à travers les différentes mues, les phases du mal que révélait presque toujours l'état languissant des vers. Parfois cependant le mal restait insoupçonné jusqu'à la montée des vers à la bruyère. Il fallait alors que Pasteur attendît la fin complète d'une éducation pour découvrir, à l'aide de son microscope, dans les corps des papillons femelles broyés avec un peu d'eau dans un mortier, les corpuscules révélateurs de la pébrine. Les petits œufs suspects, que la femelle avait déposés sur un morceau de toile, étaient brûlés. L'éclosion de ces graines eût donné naissance à des vers malades et porteurs de pébrine. Furent seulement gardées les graines pures, c'est-à-dire issues de papillons non corpusculeux. Désormais, grâce à ce procédé si simple, la maladie était vaincue. Les éducations pouvaient être entreprises sans crainte. La prospérité d'autrefois allait être retrouvée. Mais que de temps il fallut à Pasteur pour persuader le monde séricicole, le mettre en défiance contre les achats faits aux marchands de graines suspectes et réduire les objections des adversaires !

En 1882, Pasteur, revenant dans ces régions, fut reçu comme un conquérant de la science. Il pouvait, au souvenir de ces années de lutte, dire de sa voix grave et convaincante : « Où sont les attaques ? Elles passent et la vérité reste. »

Sa statue érigée à Alais est le glorieux témoignage de la reconnaissance que lui garderont à jamais les éducateurs des vers à soie. Ils lui doivent le salut de leur industrie.

Dans cette même année 1882 et non loin d'Alais il put se rendre compte de quels services lui était encore redevable l'agriculture pour sa découverte des virus-vaccins et particulièrement des vaccinations charbonneuses. Certains champs dans le pays chartrain, où le mal était endémique, s'appelaient champs maudits. Il semblait aux bergers qu'un mauvais génie planât sur ces lieux redoutés. Pasteur, avec la collaboration de ses disciples, montra comment, par la persistance des germes restés dans les fosses où avaient été enfouies des bêtes charbonneuses — germes appelés spores que des vers de terre ramenaient à la surface des champs, — les moutons qui paissaient sur ces fosses étaient presque fatalement exposés au charbon. Pasteur isolant et cultivant la bactéridie charbonneuse prouva qu'elle était bien la cause du mal. Puis il arriva à modifier dans la bactéridie les états de virulence. De mortelle il la rendit vaccinante. De même que la sériciculture lui avait dû une prospérité chaque année renouvelable, il donnait à l'agriculture, qui se trouvait désormais à l'abri des immenses pertes annuelles causées par le charbon, la sécurité dans l'élevage des troupeaux de moutons et de bœufs.

La ville de Chartres et la ville de Melun, dans une double reconnaissance, érigèrent, l'une et l'autre, un monument de gratitude pour la délivrance d'un tel fléau.

Pasteur poursuivait à la fois dans les caves du sous-sol de son laboratoire rue d'Ulm et dans une annexe d'un domaine situé près de Saint-Cloud, à Villeneuve-l'Étang, l'étude d'une autre maladie dont le remède avait défié toutes les tentatives. L'humanité depuis des siècles avait l'effroi de la rage. Pasteur, rattachant cette maladie à ses études des maladies virulentes dont il avait montré la non-spontanéité, démontra que la rage ne se déclarait que quand elle avait été communiquée. Tout chien atteint de la rage a été mordu par un chien enragé. Par des expériences d'une ingéniosité prodigieuse dans la culture du virus rabique, il rendit des chiens réfractaires à la rage. Ses hésitations avant de passer au traitement sur l'homme ont été souvent rappelées. Il faut avoir été le témoin de ses angoisses pour s'en faire une idée. Mais encouragé par les conseils de médecins qui avaient pu suivre de près les résultats sur des chiens mordus, puis vaccinés et rendus réfractaires à la rage, Pasteur se décida à essayer le traitement sur un petit Alsacien qui avait subi quatorze morsures d'un chien enragé. Cela se passait au mois de juillet 1885. L'enfant fut sauvé. Depuis cette époque lointaine, les vaccinations contre la rage ont été faites et se continuent à Paris et dans le monde sur des milliers et milliers de personnes. Combien eussent succombé à la rage sans la découverte de Pasteur !

Près de Villeneuve-l'Étang, la commune de Marnes érigea sur une place entourée de gazon, bordée d'arbres et faite pour des jeux d'enfants, le buste de Pasteur. Au bas du socle se voit le cadavre d'un chien enragé. A hauteur du regard, une statue de bronze montre un jeune homme debout, qui, mordu, lève dans un geste de confiance son bras blessé vers Pasteur. Ainsi apparaît sur un fond de verdure ce contraste entre le souvenir des morts souvent terrifiantes d'autrefois et les protections paisibles d'aujourd'hui.

A cet hommage public s'ajoute encore pour ceux qui ont vécu près de Pasteur un souvenir particulier. Lors de son arrivée à Villeneuve-l'Étang, Pasteur aimait le dimanche matin à se promener sur la route qui part de la grille de Villeneuve-l'Étang, longe le bois et aboutit à la place de Marnes. L'atmosphère de paix et l'aspect de coquetterie qui s'étendent sur cette commune ; les corbeilles de fleurs entrevues sur une pelouse ; les géraniums-lierre sortant des vases espacés sur les murs, tout donne une impression de haltes heureuses pour ceux qui ne voient pas le dessous des choses et ne soupçonnent ni les veilles, ni les lendemains de certains

Parisiens venus, à travers leurs inquiétudes quotidiennes, s'offrir un après-midi de repos dans une de ces blanches villas qui sont en harmonie avec l'éclat des beaux jours. Les fièvres des hommes d'affaires, en perpétuels soucis de gains, étaient chose ignorée de Pasteur. Il avait, lui aussi, des préoccupations sans trêve, mais elles étaient d'un autre ordre. Elles s'étendaient à tout ce que la science émanée de lui pouvait avoir d'emprise dans une action grandissante. Après les services rendus à l'industrie, à la sériciculture, à l'agriculture, ses travaux avaient apporté d'immenses progrès à l'art vétérinaire, à l'hygiène, à la médecine et à la chirurgie. « Vous verrez, me disait-il, comme tout cela s'agrandira plus tard. » Aucune pensée d'orgueil ne se mêlait à ses paroles. Toute louange lui paraissait excessive. C'est à la science, et en s'effaçant derrière elle, qu'il reportait les honneurs reçus à Paris, à Milan, à Londres, à Edimbourg, à Genève, à Copenhague, par des assemblées entières debout et éclatant en longues ovations.

Les personnes qui, sur la route de Marnes, croisaient ce promeneur aux allures si simples, ne se doutaient pas qu'ils passaient devant celui dont le génie, par une double puissance, avait à la fois les conceptions les plus générales et se livrait aux études les plus patientes.

Les pensionnaires de l'hospice Brezin, qui s'échelonnaient sur cette route, ne se doutaient guère non plus de leur rencontre avec un des plus grands hommes de tous les siècles. Leur ample costume d'un gris-bleu cendré les faisait reconnaître de loin. Souvent le regard de Pasteur s'attachait sur eux. C'était pour lui une évocation du passé. Il se revoyait enfant, lorsqu'il jouait, à Arbois, autour de la tannerie paternelle. S'il aimait à être alors devant un vigneron qui piochait la terre, un ouvrier qui forgeait le fer, un autre qui ajustait le bois, il restait longtemps devant son père qui corroyait le cuir. Les vieux ouvriers du marteau, voisins de Villeneuve-l'Étang, éveillaient ainsi l'ensemble de ses premiers souvenirs. Plus tard, au lycée de Besançon, puis à l'École Normale, tout ce qui témoignait d'une puissance d'invention chez un écrivain, un savant ou un artiste, provoquait en lui non pas simplement une curiosité, mais une sympathie allant parfois jusqu'aux larmes. A mesure qu'il avait avancé dans la vie, ses sympathies réceptives pour la science et les lettres étaient restées toujours aussi grandes, mais il y avait ajouté des sympathies expansives. Dès qu'il découvrait chez des jeunes la marque ou même l'indice du talent, il le disait bien haut. Il n'attendait pas qu'ils vinssent à lui, il allait au-devant d'eux. Il les encourageait, il les révélait souvent à eux-mêmes. Quittait-il son laboratoire de la rue d'Ulm ? C'était pour faire, à leur insu, une démarche qui pouvait faciliter leur carrière. Sa bonté égalait son génie. Voilà pourquoi il a eu et conservera à jamais les cœurs.

*
* *

Les fêtes du Centenaire l'ont évoqué partout où il a séjourné. Dans le Gard, à deux kilomètres d'Alais, une plaque est à l'entrée de la maison du Pont-Gisquet, presque cachée par les arbres. Pendant la période active des éducations de vers à soie, Pasteur, de 1866 à 1869, vint y demeurer avec sa femme, sa fille et ses collaborateurs, tous animés d'une même ardeur pour l'application rigoureuse de la méthode souveraine. Dans les Basses-Alpes, la commune des Mées a également rappelé par une plaque le voyage que fit Pasteur, en 1868, dans le domaine de Paillerols. La méthode de salut pour la sériciculture apparaissait là jusque dans les moindres détails. Ce centre de graines saines avait charmé Pasteur. Voir ainsi, en plein fonctionnement, les applications de la science initiatrice, c'était une parfaite leçon de choses. Elle pouvait être opposée aux arguments d'adversaires qui, sur un ton de regret hypocrite, allaient disant :

« Quel dommage que la méthode ne soit pas pratique !

— Un enfant de dix ans peut l'appliquer, » répondait Pasteur.

D'une extrémité de la France à l'autre, se retrouve la trace de ce qu'il a semé à pleines mains. Mais pourquoi, dans le département des Vosges, à Mirecourt, un buste de Pasteur s'élève-t-il sur un tertre de gazon, près de la gare, devant l'École normale des Vosges ? Est-ce en souvenir des expé_ riences que Pasteur, en 1872, vint instituer, non loin de Mirecourt, dans la brasserie de Tantonville ? Les mots gravés sur le piédestal : « A la gloire de Pasteur » ont une étendue plus grande. Ils répondent, en effet, à la pensée qui dicta le testament d'un habitant de Mirecourt. Par une large subven- tion, il confiait, en 1898, à sa ville natale, le soin d'honorer Jeanne d'Arc, et ajoutait-il, « l'homme de génie, Pasteur, le plus grand bienfaiteur de l'humanité. » Dès l'arrivée dans la ville, le buste en bronze de Pasteur apparaît simple et grand. Des fleurs l'entourent. Peut-être, et cela eût été comme l'écho de la pensée inspiratrice pour la vaillante et douce Lorraine, peut-être aurait-on pu graver, sur ce piédestal, cette parole de Pasteur :

« La grandeur des actions humaines se mesure à l'inspi- ration qui les fait naître. La vie de Jeanne d'Arc en est la preuve sublime. »

Une autre plaque de victoire se voit près de Melun, dans la cour de la ferme de Pouilly-le-Fort. C'est là que se fit, en 1881, la première, grande et décisive expérience sur la vacci- nation charbonneuse.

Parfois, il a suffi que Pasteur séjournât quelques semaines dans un coin de province pour que les habitants, fiers de l'avoir eu pour voisin, prissent l'initiative de rappeler à jamais son passage. C'est ainsi qu'en Bourgogne, entre Avallon et Quarré-les-Tombes, au croisement de deux routes, sur le bord d'un grand étang qui précède le hameau de Marrault, s'élève un petit monument. Il ne ressemble à aucun autre. C'est un simple bloc de granit. Un arc le surmonte et fait trouée de lumière. Au bas du bloc on a planté des rosiers. Dans la saison des fleurs, ils apparaissent couverts de roses rouges. Ces roses montent, atteignent l'arc de pierres, puis retombent épanouies sur cette inscription : « Pasteur fit trois séjours à Marrault : 1881, 1885, 1890. »

Quand il n'allait pas à Arbois, il aimait à venir prendre quelques jours de repos dans ce pays où tout est apaisement. Les bois descendent en pentes douces vers les bords de l'étang; les prés, que séparent des haies vives, ressemblent à des jardins qui se succèdent; les routes ont des courbes harmonieuses. Pasteur les parcourut. Un jour, un sentier le conduisit près d'un petit pont que l'on appelle encore, comme au temps jadis, le pont du Seigneur. Le ruisseau qui lui donne la vie, court au milieu des rochers vers une rivière à fond sombre : elle est resserrée à droite et à gauche par des escarpements boisés. De grands rochers abrupts, couverts de bruyères la surplombent. A moitié chemin, sur une pierre de granit, on lit ces mots : « Pasteur, dans son dernier séjour à Marrault, se reposa au bord de ce chemin. »

Dans les jours d'été, au milieu de ces bois, on n'entend que le bruit lointain du ruisseau, le souffle du vent sur les feuilles. Les rares passants ont, à la vue de cette pierre, une méditation parfois prolongée.

Quatre ans plus tard, une mélancolie, poignante celle-là, suivit son dernier départ d'Arbois. A peine à Paris, il tomba malade. Jours et nuits, il reçut les soins de sa famille et ceux de la famille pastorienne qui se confondait avec l'autre. Peu à peu les visages eurent un air de confiance : Pasteur reprenait des forces. Au mois de juin 1895, il quitta l'Institut Pasteur pour se rendre à Villeneuve-l'Étang. Mais les semaines qu'il y passa devaient être les dernières. Quelque fois il put gagner un fauteuil placé sous des hêtres pourpres qui survivent.

Dans sa chambre d'une austère simplicité, il expira le 28 septembre.

Un auteur qui a jeté son regard sur tout un ensemble de choses humaines a écrit :

« Quel homme peut se vanter que sa mort mettra les villages en deuil et tombera sur chaque cabane comme un malheur de famille ? »

La mort de Pasteur s'étendit sur l'humanité tout entière.

*
* *

Pasteur repose à l'Institut Pasteur. Son tombeau, confié à un grand architecte, fut élevé par la piété de sa veuve et de ses enfants. Sur les murs et sur les arceaux de cette chapelle, ce ne sont partout que des mosaïques à fond d'or. D'autres mosaïques, évocatrices de découvertes, représentent des moutons, un bœuf, un chien. Et comme la tradition chrétienne a donné à ces animaux un caractère symbolique, tout contribue à l'impression religieuse de ce tombeau plein de lumière. On descend quelques marches. Douze colonnes de granit porphyroïde de Suède sont comme une garde d'honneur devant deux larges revêtements de marbre où, ainsi que des victoires, sont inscrites les découvertes de Pasteur. Dans la petite coupole formant dôme, au-dessus du sarcophage également en granit porphyroïde, quatre anges en mosaïques sont debout. Les extrémités de leurs ailes se touchent. Ils représentent la foi, l'espérance, la charité et la science.

Mme Pasteur repose devant l'autel. Sur la dalle qui recouvre son cercueil se lisent ces mots : *Socia rei humanæ atque divinæ.* Souvenirs de l'admirable foyer, témoignages d'une gloire rayonnante, espérances immortelles, tout se reflète dans cette crypte. Une pensée de Pasteur, reproduite en mosaïques, l'illumine encore : « Heureux celui qui porte en soi un Dieu, un idéal de beauté et qui lui obéit : idéal de l'art, idéal de la science, idéal de la patrie, idéal des vertus de l'Évangile. »

Paris, qui, malgré son existence affairée, ne laisse jamais passer un cercueil sans le saluer avec respect, garde à ceux dont l'existence a été tout entière consacrée à de grands travaux utiles à tous un véritable culte. Le glorieux tombeau est devenu un lieu de pèlerinage pour les hommes célèbres, les étrangers, les enfants tenant la main de leur mère, les personnes qui achèvent le traitement antirabique.

Chaque étape de la vie de Pasteur a été signalée dans Paris par différentes initiatives généreuses. Rue des Feuillantines, la pension où Pasteur était venu se préparer à l'École Normale n'existe plus. Mais sur son emplacement, une plaque rappelle qu'il a été élève de cette pension. Il y fut aussi répétiteur lorsque, bénévolement, à ses jours de congé normaliens, il venait donner des leçons aux élèves.

A peu de distance, une plaque est posée sur le laboratoire de Pasteur, rue d'Ulm, d'où sont sorties de si grandes choses.

L'École Normale a voulu plus encore. Au fond du jardin, un buste de Pasteur se dresse, près d'un banc demi circulaire. Des élèves de l'École viennent s'y asseoir et échanger souvent leurs causeries et leurs rêves d'avenir.

Dans la grande cour de la Sorbonne, que traversent des centaines d'étudiants chaque jour, deux statues ont été érigées en pendant : celle de Victor Hugo et celle de Pasteur. Ce qui n'a pas été fait à Strasbourg pour le rapprochement de Gœthe et de Pasteur se présente ici comme un double hommage au poète et au savant. Afin d'achever un des nobles enseignements de la Sorbonne, il y a, dans le vestibule qui précède le vaste amphithéâtre, une inscription rappelant que le 27 décembre 1892, jour où fut célébré le jubilé de Pasteur, Lister et Pasteur s'embrassèrent. Accolade glorieuse qui symbolisait deux grands peuples faits pour s'entendre.

Si, au sortir de la Sorbonne, un étudiant veut continuer le pèlerinage pastorien, il peut suivre la rue de Vaugirard jusqu'au boulevard Pasteur. L'Institut Pasteur n'est pas loin. Il fut construit en 1888 par une souscription internationale à l'endroit où s'étalaient des jardins maraîchers. Derrière la grande grille qui longe, dans la rue Dutot, la façade moitié briques, moitié pierres, un buste de Pasteur s'élève comme le génie tutélaire de cette grande maison de laboratoires. Au service du traitement contre la rage, ouvert depuis quarante années, tous les matins, sans nulle interruption, à toute personne mordue par un chien enragé, se sont ajoutés des centres de recherches et d'enseignements pour tout ce qui relève de la science pastorienne. Des étudiants français et étrangers sont venus depuis la fondation et continuent de venir pour suivre les cours de bactériologie et s'exercer aux travaux pratiques. En face, de l'autre côté de la rue, ont été bâtis d'autres laboratoires et un amphithéâtre où des professeurs se succèdent. Sur le même terrain, mais donnant sur la rue de Vaugirard, s'ouvre l'hôpital Pasteur. Il a été destiné à soigner les maladies contagieuses. Les sœurs de l'ordre de Saint-Joseph de Cluny font, sous l'autorité des médecins, leur dévouement d'infirmières. Qu'elles soient en costume blanc aux manches courtes, ou sous leur voile noir et dans leur robe bleue, elles sont toujours actives, toujours souriantes. Elles représentent à la fois Marthe et Marie de l'Évangile. Prêtes à tous les devoirs en France comme à toutes les missions à l'étranger, elles sont heureuses d'ajouter à leur titre celui de pastoriennes.

Dans cette demeure de la science dirigée par le D' Roux, s'accomplit chaque jour, sans bruit, une œuvre bienfaisante entre toutes. Par les filiales de l'Institut Pasteur, elle se répand dans le monde entier. Ces laboratoires, les uns anciens et les autres nouveaux, qu'ils soient en Europe, en Afrique, en Amérique, en Asie, tous placés sous l'invocation de Pasteur, s'inspirent de la manière dont il commençait. continuait et achevait un travail. Enchantement au début, dans l'espérance d'une découverte ; ardeur à rassembler les faits ;

élan de son imagination qui, emportée par l'idée préconçue,
entrevoyait un vaste domaine scientifique ignoré. Mais comme
son esprit critique s'imposait un contrôle sévère, Pasteur,
dans un brusque effort de volonté, contraignait son imagination à s'arrêter. Jamais une de ses idées préconçues ne s'im-
mobilisait en idée fixe. Revenu sur le terrain du laboratoire,
il ne connaissait plus que les efforts patients de l'observation
la plus attentive, la plus minutieuse. Les expériences qu'il
instituait répondaient-elles à ses espoirs, puis aux résultats de
la méthode expérimentale? Maître de son sujet, il avait alors
le désir, le besoin de se combattre. Il s'efforçait de ruiner ses
propres expériences. Ramené forcément à celles qu'il avait
faites, il les reprenait, il les multipliait pendant des mois,
souvent des années, jusqu'à ce que la découverte qu'il avait
pressentie, poursuivie de toutes les manières, apparût enfin,
simple, définitive, inattaquable.

Si diverses qu'elles soient, ses découvertes s'enchaînent
étroitement, depuis la dissymétrie moléculaire jusqu'à la
prophylaxie de la rage. Il les a conduites sous cette discipline
rigoureuse et féconde. Quelque chose d'achevé s'y ajoutait
qui s'appelle le génie.

La pratique de cette méthode expérimentale suscite et
vivifie tous les travaux utiles et bienfaisants de ses disciples.
Plusieurs sont d'une conception et d'une réalisation magnifiques.

Non loin de l'Institut Pasteur, place de Breteuil, sur un
haut piédestal, entre de larges avenues qui se dirigent vers les
Invalides, apparaît, face au tombeau de Napoléon Ier, la statue
de Pasteur. Elle est assise, dominatrice. Souvent, à la fin des
beaux jours, le soleil, avant de disparaître, jette un dernier
rayon sur le visage de marbre qui semble prendre vie dans sa
gravité et sa douceur.

Si les visions partielles de l'œuvre pastorienne se succèdent en province, une grande idée d'ensemble se dégage à
Paris. Outre ce monument, les bustes qui ont été élevés dans

ce quartier de la rive gauche témoignent d'hommages dans un sens général, absolu. L'Académie française, l'Académie de médecine, l'Académie d'agriculture ont désiré placer le buste de Pasteur dans la salle même de leurs délibérations.

*
* *

La mémoire de Pasteur, ainsi rappelée de toutes parts et dans tant de milieux, semblait pleinement glorifiée. C'était compter sans les Francs-Comtois. Dans ce concert universel d'admiration, ils avaient dès longtemps donné la première note. Ce qui les attirait vers Pasteur, c'était le côté intime. Le revoir, le savoir chaque année à Arbois, lors des vacances, était une fierté. Simple et bon, le grand homme était accessible à tout compatriote, fût-il inconnu, qui venait lui demander soit une consultation pour un vin malade, soit un conseil et un appui pour un fils isolé dans Paris. Le sentiment de confiance et de gratitude qu'il inspirait dans le Jura prit une forme éclatante en 1883.

Le conseil municipal de la ville de Dole avait décidé que, le 14 juillet, une statue de la Paix serait inaugurée et une plaque commémorative apposée sur la maison où, le 27 décembre 1822, Pasteur vint au monde. La Paix et Pasteur, ces deux hommages s'harmonisaient. Dès le matin, la ville de Dole était en rumeur joyeuse. Dans le bruit de la foule lointaine, qui ressemblait au bruit de la mer, cette fête d'un jour, sous les yeux de Pasteur, vivant et présent, pouvait s'appeler la fête de l'immortalité.

Au milieu du brouhaha et des applaudissements, pressé, entouré par tous, il entra dans la rue des Tanneurs, étroite et caillouteuse. Près de lui, je suivais sur son visage ses émotions successives. Il était sur le seuil de la tannerie. Rien n'avait été modifié dans l'apparence de la vieille maison. Le contraste entre le petit enfant qui avait joué sur le pas de cette porte et le savant dont le monde entier répétait le nom avec gratitude était évoqué par tous ceux qui garnissaient les fenêtres ou s'entassaient dans la rue. Le spectacle d'une telle cérémonie autour d'un homme est révélateur. Bien rares sont ceux qui n'ont pas un subit mouvement d'orgueil. Pasteur, les yeux pleins de larmes, dit :

« Oh! mon père et ma mère! Oh! mes chers disparus, qui avez si modestement vécu dans cette petite maison, c'est à vous que je dois tout! »

Les paroles de cette effusion filiale ont été publiées par les journaux du temps. Les anthologies les ont recueillies. Le livre des *Bibliophiles Comtois* les redonne pieusement. Ce qu'avaient été pour lui son père et sa mère, Pasteur l'apprenait à la foule. Il résuma leurs qualités différentes. Et, s'adressant encore à eux : « Soyez bénis l'un et l'autre, mes chers parents, dit-il, pour ce que vous avez été, et laissez-moi vous reporter l'hommage fait aujourd'hui à cette maison. » Noble initiative des Dolois et noblesse d'âme de Pasteur, les deux sentiments étaient dignes l'un de l'autre.

Dix-neuf ans plus tard — et sept ans après la mort de Pasteur — Dole lui érigea une statue. C'était au commencement du mois d'août 1902. Des centaines de mille fleurs ornaient les avenues et les rues, suivaient les balcons, encadraient les portes et les fenêtres. Le long défilé passa sous des guirlandes qui menaient à la promenade du cours Saint-Mauris. A gauche de la grande allée, un peu en retrait, au milieu d'un bouquet d'arbres, la statue de Pasteur apparaît. « L'éternel bienfaiteur », si justement appelé, est debout dans une attitude méditative. Sur le devant du socle, la Gloire monte vers lui. Elle tend un laurier d'une main et de l'autre elle montre une mère qui, assise sur une marche du socle, a auprès d'elle ses deux enfants aimés avec angoisse et tendresse. Image de l'Humanité levant vers Pasteur un regard d'appel et de confiance.

Une autre journée de fêtes et de fleurs eut lieu au mois de mai 1923, lors du grand Centenaire. Ce fut un éblouissement.

Chaque quartier avait sa physionomie particulière : triom-
phante comme une longue acclamation ou discrète comme
une série d'hommages intimes. La plus petite fenêtre dans un
coin de rue obscure avait ses fleurs. Les initiales L. P. étaient
partout.

Ces heures d'apothéose avaient été préparées par la
population tout entière avec une rivalité d'enthousiasme.
Aujourd'hui, la rue des Tanneurs s'appelle rue Pasteur. La
maison natale, devenue la propriété de la ville, est transfor-
mée en maison du souvenir. Ouverte comme un musée, elle
contient tout ce qui a pu être réuni par le comité le plus vigi-
lant. Les outils qui servaient aux tanneurs d'autrefois sont
dans une salle voisine des bustes, des portraits de Pasteur,
des ballons de laboratoire. Faire de cette demeure un lieu de
pèlerinage, tel fut le désir de la ville. Cette ambition est pleinement satisfaite. Les enfants des écoles savent tous le chemin
qui mène aux souvenirs de Pasteur. Il n'est guère d'étranger
qui, dès son arrivée à Dole, ne se dirige vers la porte étroite
et ne monte le petit escalier de pierre conduisant au musée.
Tous les objets y sont conservés avec un tel respect qu'ils sont
comme autant de reliques.

Lorsque le père de Pasteur quitta Dole, il y a plus de
cent ans, il alla d'abord dans une petite commune entre
Arbois et Salins, à Marnoz. A quelque distance de la maison
(où il occupa comme locataire un logement bien simple, mais
aux chambres boisées qui existent encore) était un ruisseau
d'un cours habituel assez rapide et donnant la facilité de
continuer le métier de tanneur. Sur le mur de la maison a été
pratiquée une niche en pierre : elle abrite le buste de Pasteur.
De grands rosiers montent vers lui. Les regards des passants
accompagnent les roses.

De Marnoz, le père de Pasteur se rendit à Arbois, qu'il ne
devait plus quitter. Il acheta la tannerie située près du pont.
L'enfance et la prime jeunesse de Pasteur se sont passées là.
C'est là aussi qu'il revenait tous les ans et que l'existence lui

apporta des parts de joie et des douleurs totales. Sa mère, en 1848, son père, en 1865, trois de ses filles : Jeanne, Cécile et Camille reposent non loin de la rangée de sapins qui grandissent sur le chemin des tombes.

Une plaque de marbre blanc, qui se détache sur l'ampelopsis couvrant toute la façade, porte, gravée en lettres d'or, ces mots : Maison paternelle de Pasteur. Elle a été apposée sur une décision du conseil municipal. Depuis le dernier séjour de Pasteur à Arbois, tout est resté intact et tout semble l'attendre. En prenant la rue qu'il a tant de fois montée, s'ouvre, au cœur de la ville, un espace gazonné. De grands et vieux tilleuls font une admirable escorte à droite et à gauche de l'allée centrale. Sous les derniers arbres la statue apparaît, ombragée et recueillie. Pasteur est assis dans une attitude simple, familière. Le voilà tel qu'il était quand il recevait ses anciens camarades d'école et de collège. Quatre bancs sans pieds ni dossiers, formés uniquement d'épaisses et larges pierres, ont été placés de chaque côté de l'allée. Leur puissance, que l'on sent devoir être immuable, ajoute à l'impression de calme qui entoure la statue. Tout près, s'élève la vieille église désaffectée de Notre-Dame, mais non découronnée de son clocher comtois qui lui donne un reste de grandeur.

Le jour où fut inaugurée cette statue, comme le jour où fut célébré le Centenaire, ce n'était partout que fleurs, drapeaux et arcs de triomphe. La foule pressentait que ce grand culte se transmettrait de générations en générations.

Dans cette ville qui était devenue sienne, tout souvenir de Pasteur est rappelé. On voit sur l'avenue Pasteur une maison modeste, mais désignée aux regards des passants par une plaque de marbre. Cette maison servit à Pasteur de laboratoire, de 1863 à 1865. C'était dans la période où il poursuivait ses études sur le vin. La petite vigne où il fit ses expériences sur la fermentation du raisin a, elle aussi, sa plaque commémorative. Les vignerons qui, la hotte sur le dos, vont travailler leur vigne n'ont qu'à lever les yeux pour voir sur leur chemin tout ce qui parle de lui. Les élèves du collège d'Arbois, devenu collège Pasteur, vivent au milieu de son souvenir. Un grand cadran solaire, que l'élève Pasteur dessina sur le mur de la cour de récréation, est placé au-dessus du buste toujours entouré de fleurs. Le musée et la bibliothèque de la ville ont reçu plusieurs dons en mémoire de celui qui aima cette ville d'un amour franc-comtois. Aussi les deux noms de Pasteur et d'Arbois sont-ils devenus inséparables. On ne peut prononcer l'un sans songer à l'autre.

En s'éloignant de la ville pour gagner la route de Mesnay, puis la vallée des Planches, un rapprochement se fait dans l'esprit de quiconque a médité l'œuvre de Pasteur. D'immenses rochers aux teintes grises forment un vaste cirque au fond de la vallée. Au premier plan jaillit une cascade accessible. Si l'on se penche, il est facile de prendre et de boire dans le creux de sa main l'eau pure et glacée. Les petits flots rapides de la cascade forment la rivière qui va s'appeler la Cuisance. Elle coule le long des prés doucement ondulés. La haute sévérité des formidables rochers rend le contraste plein de grandeur.

Ainsi se trouvaient dans le savant les puissantes, les extra-ordinaires assises de ses travaux et, dans sa vie de famille, les repos d'exquise intimité.

Il y a des souvenirs que l'on découvre plus loin. Sur le premier plateau du Jura, au-dessus de la porte d'une ancienne auberge située à l'extrémité du village de Montrond, une inscription rappelle que Pasteur y passa la nuit du 24 au 25 janvier 1871. Une neige épaisse couvrait les routes. L'armée de l'Est s'échelonnait vers Pontarlier. Pasteur avait quitté Arbois. Il espérait retrouver son fils, engagé volontaire dans un bataillon de chasseurs à pied. Les murs tristes de cet abri pour les passants à la recherche d'un gîte furent les témoins de l'inquiétude de ce père et de la douleur de ce Français.

Ce n'est pas seulement par l'éclat des cérémonies publi-

ques, par l'audition des discours du haut d'une estrade à
velours rouge et à crépines d'or, par le bruit des musiques et
le spectacle des défilés que la gloire d'un grand homme est
célébrée. Tel regard qui s'arrête sur une porte comme la
porte de cette auberge ; telle pensée d'un voyageur devant
une statue dans le lourd silence, à certaines heures, d'une
ville de province ; tel et tel pèlerinage de groupes d'enfants
avides d'apprendre ce qu'a fait celui qui est ainsi évoqué à
jamais, tous ces témoignages quotidiens ont leur puissance
d'émotion et d'enseignement.

La ville de Salins, par le nom donné à l'un des faubourgs,
puis, par une plaque et un buste, a rendu présent partout le
souvenir de Pasteur. Besançon a mis sur la façade de son
lycée, qui porte le nom de Victor Hugo (là encore, le poète et
le savant sont rapprochés), deux grandes plaques commémora-
tives. L'une donne les dates importantes de la vie de Pasteur,
l'autre ses principales découvertes. Elles sont placées à droite
et à gauche d'une décoration d'architecture en forme de
portique et encadrant une vasque surmontée du buste de
Pasteur. La tête se détache sur un fond d'or. Chaque jour,
tout élève prêt à monter les marches du lycée a sous les
yeux la jeunesse laborieuse de celui qui, au sortir du collège
d'Arbois et se préparant à l'École Normale, fut à Besançon
élève, puis maître d'études, de 1840 à 1842.

Mais, parmi tant d'hommages franc-comtois, il en est un
d'une rare délicatesse, car il a rassemblé sur une même
inscription le souvenir du père et du fils. Rue d'Arènes,
devant la maison natale du père de Pasteur, se lisent ces
mots : « Ici est né, le 16 mars 1791, Jean-Joseph Pasteur, tanneur, chevalier de la Légion d'honneur. » En bas sont repro-
duites les paroles que Pasteur disait à Dole, en rappelant la
vie de son père : « Regarder en haut, apprendre au delà,
chercher à s'élever toujours, voilà ce que tu m'as enseigné. »

Cette année, dans un après-midi du mois de septembre,
je m'étais arrêté à Besançon pour revoir encore ce double

souvenir. Pendant que je regardais la plaque blanche, les lettres d'or furent illuminées par le soleil. C'était comme le rappel du jour d'été où j'avais vu, place de Breteuil, le soleil jeter une dernière lumière sur le visage immortel. Les deux rayons avaient une même douceur.

Apprendre la généalogie d'une famille ; retrouver dans la ligne directe aussi bien ceux qui ont laissé une trace de leur passage que ceux qui ont travaillé obscurément la terre, ce devrait être une des premières leçons de foyer données aux enfants. La petite-fille et le petit-fils de Pasteur avaient appris à aimer le nom et à connaître la vie rude de cet arrière-grand-père. Ils avaient voulu remonter plus loin.

Souvent ils étaient venus dans le val de Mièges où, pendant trois cents ans, avaient vécu des Pasteur inconnus. Lorsque le Centenaire fut fêté dans le monde entier, ils eurent, dans un sentiment de reconnaissance, le désir d'élever, à côté de Mièges, sur la hauteur de Nozeroy, le buste de celui qui descendait de la lignée. Près des restes d'un vieux château célèbre jadis par ses huit tours, s'étend une promenade le long des murailles détruites. Au milieu de cette promenade, sur de grands blocs sortant d'une carrière de pierres à l'état brut, surgit le buste monumental de Pasteur. L'immense paysage s'étend sous son regard pensif. Au premier plan s'étalent les prairies où paissent les troupeaux de bœufs comme autrefois. Puis se succèdent des sapins en masses profondes. Beaucoup plus loin s'estompent les forêts de la Haute-Joux et, dans le fond, les montagnes de Morez. Par les beaux jours, une teinte bleue enveloppe l'horizon lointain. Sur un des flancs du piédestal ces mots ont été creusés au ciseau :

« En souvenir des ancêtres de Pasteur qui, dans cette région, labouraient la terre. »

René VALLERY-RADOT.

Arbois 1927.

LETTRE

A ARISTIDE LAURENT

Recteur de l'Académie de Strasbourg

pour lui demander sa fille en mariage.

(10 février 1849)

Monsieur,

Une demande d'une haute gravité pour moi et pour votre famille vous sera faite sous peu de jours ; et je crois de mon devoir de vous adresser les renseignements suivants qui pourront servir à décider votre acceptation ou votre refus.

Mon père est tanneur à Arbois, petite ville du Jura. Mes sœurs remplacent auprès de mon père, pour les soins du ménage et du commerce, ma mère, que nous avons eu le malheur de perdre au mois de mai dernier.

Ma famille est dans une position aisée, mais sans fortune. Je n'évalue pas à plus de cinquante mille francs ce que nous possédons ; et quant à moi, je suis décidé depuis longtemps à laisser intégralement à mes sœurs tout ce qui me reviendra en partage. Je n'ai donc aucune fortune. Tout ce que je possède, c'est une bonne santé, un bon cœur et ma position dans l'Université.

Je suis sorti, il y a deux ans, de l'École normale, agrégé pour les sciences physiques. Je suis docteur depuis dix-huit mois et j'ai présenté à l'Académie des sciences quelques travaux qui ont été très bien accueillis, le dernier surtout. Un rapport très favorable, que j'ai l'honneur de vous remettre en même temps que cette lettre, a été fait sur ce travail.

Voilà, Monsieur, toute ma position présente. Quant à l'avenir, tout ce que je puis en dire, c'est que, sauf un changement complet dans mes goûts, je me consacrerai à des recherches chimiques. J'ai l'ambition de revenir à Paris, lorsque, par mes travaux scientifiques, je me serai acquis quelque réputation. M. Biot m'a parlé plusieurs fois de songer sérieusement à l'Institut. Dans dix ou quinze ans peut-être je pourrai y songer, si je continue à travailler assidûment. De ce rêve autant en emporte le vent; ce n'est pas lui du tout qui me fait aimer la science pour la science.

Mon père viendra lui-même à Strasbourg faire cette demande en mariage.

Recevez, Monsieur, l'assurance de mon profond respect et de mon dévouement.

J'ai eu 26 ans le 27 décembre dernier.

LETTRE

A SON PÈRE

sur une leçon à la Société chimique

(7 février 1860)

Je crois t'avoir dit que je devais faire une deuxième et dernière leçon sur mes anciens travaux, vendredi, à la Société chimique, en présence de plusieurs membres de l'Institut, entre autres MM. Dumas et Claude Bernard. Cette leçon a eu le même succès que la première. M. Biot, qui a su le lendemain, par des personnes qui y avaient assisté, l'impression qu'elle avait faite sur l'assemblée fort nombreuse et fort distinguée, m'a fait venir chez lui pour m'exprimer dans les termes les mieux sentis sa plus vive satisfaction.

Après que j'eus terminé, M. Dumas, qui occupait au bureau le fauteuil du président, s'est levé et m'a adressé la parole en ces termes : Après avoir loué le zèle que j'avais mis à inaugurer ce nouveau genre d'enseignement sur la prière de la Société, et la pénétration si grande dont j'avais fait preuve dans le cours des travaux que je venais d'exposer, *il a ajouté :* L'Académie, Monsieur, vous couronnait il y a quelques jours pour d'autres profondes recherches, vos auditeurs vous applaudiront ce soir comme l'un des professeurs les plus distingués que nous possédions.

Tout ce que j'ai souligné a été dit textuellement par M. Dumas. Ces paroles ont été suivies de vifs applaudissements.

Tous les élèves de l'École normale, section des sciences, assistaient à la séance. Ils en ont ressenti une émotion très grande que plusieurs m'ont exprimée.

Pour moi, j'ai vu là mes prévisions réalisées. Tu sais combien entre nous j'ai toujours dit que le temps grandirait mes recherches sur la dissymétrie moléculaire des produits organiques naturels. S'appuyant sur des notions variées empruntées à des sciences diverses, la cristallographie, la physique, la chimie, ces études ne pouvaient pas être suivies par la plupart des savants de manière à être bien comprises. Dans cette occasion je venais de les présenter dans leur ensemble avec clarté et vigueur, et tout le monde a été frappé de leur importance.

Ce n'est pas la forme de ces deux leçons qui les a séduits, c'est le fond. C'est l'avenir réservé à ces grands résultats, si imprévus, et qui ouvrent à la physiologie des horizons tout nouveaux. J'ai osé le dire. Car, à cette hauteur, toute personnalité disparaît. Il n'y a plus que le sentiment de dignité qu'inspire toujours l'amour vrai de la science.

Dieu veuille que, par les plus persévérants travaux, j'apporte une petite pierre à l'édifice si frêle et si mal assuré de nos connaissances sur ces profonds mystères de la vie et de la mort où naguère notre raison à tous s'est abîmée si tristement !

P.-S. — J'ai présenté hier à l'Académie mes recherches sur les générations spontanées. Elles ont paru produire une grande sensation. Nous en reparlerons.

DES GÉNÉRATIONS SPONTANÉES

Conférence faite aux « Soirées scientifiques de la Sorbonne »

(7 avril 1864)

MESSIEURS,

DE bien grands problèmes s'agitent aujour-
d'hui et tiennent tous les esprits en éveil : unité ou multiplicité des races humaines; création de l'homme depuis quelques mille ans ou depuis quelques mille siècles; fixité des espèces, ou transformation lente et progressive des espèces les unes dans les autres; la matière réputée éter- nelle, en dehors d'elle le néant; l'idée de Dieu inutile : voilà quelques-unes des questions livrées de nos jours aux disputes des hommes.

Ne craignez pas que je vienne ici avec la prétention de résoudre l'un quelconque de ces graves sujets; mais à côté, dans le voisinage de ces mystères, il y a une question qui leur est directement ou indirectement associée, et dont je puis oser peut-être vous entretenir, parce qu'elle est accessible à l'expérience, et qu'à ce point de vue j'en ai fait l'objet d'études sévères et cons- ciencieuses.

C'est la question des générations dites spontanées.

La matière peut-elle s'organiser d'elle-même? En d'autres termes, des êtres peuvent-ils venir au monde sans parents, sans aïeux? Voilà la question à résoudre.

Il faut bien le dire, la croyance aux générations spontanées a été une croyance de tous les âges ; universellement acceptée dans l'antiquité, puis discutée dans les temps modernes, et surtout de nos jours. C'est cette croyance que je viens combattre.

Sa durée pour ainsi dire indéfinie à travers les âges m'inquiète fort peu, car vous savez sans doute que les plus grandes erreurs peuvent compter par siècles leur existence; et d'ailleurs, si cette durée pouvait vous paraître un argument, il me suffirait de rappeler ici la puérilité des motifs allégués autrefois en faveur de la doctrine.

Voici, par exemple, ce qu'écrivait encore au xviie siècle un célèbre médecin alchimiste, Van Helmont :

« L'eau de fontaine la plus pure, mise dans un vase imprégné de l'odeur d'un ferment, se moisit et engendre des vers. Les odeurs qui s'élèvent du fond des marais produisent des grenouilles, des limaces, des sangsues, des herbes... Creusez un trou dans une brique, mettez-y de l'herbe de basilic pilée, appliquez une seconde brique sur la première, de façon que le trou soit parfaitement couvert, exposez les deux briques au soleil, et, au bout de quelques jours, l'odeur de basilic, agissant comme ferment, changera l'herbe en véritables scorpions. »

Et ailleurs — et notez bien que l'expérience

dont je vais parler, Van Helmont affirme l'avoir faite : ce sera dans cette leçon la première preuve qu'il est aisé de faire des expériences, mais très malaisé d'en faire d'irréprochables — :

« Si l'on comprime une chemise sale dans l'orifice d'un vaisseau contenant des grains de froment, le ferment sorti de la chemise sale, modifié par l'odeur du grain, donne lieu à la transmutation du froment en souris après vingt et un jours environ. » Et Van Helmont ajoute que les souris sont adultes ; qu'il en est de mâles et de femelles, et qu'elles peuvent reproduire l'espèce en s'accouplant.

Voilà, Messieurs. les expériences qui, au xviie siècle, appuyaient la doctrine de la génération spontanée.

Puisque, il y a deux siècles seulement, on pouvait écrire sur ce sujet de pareilles énormités, que nous importe la durée de cette croyance à travers les âges ? que nous importent les noms de ceux qui l'ont défendue de leur parole ou de leurs écrits, qu'ils s'appellent Epicure, Aristote ou Van Helmont ?

Tout au contraire, si je me place au point de vue historique, je pourrai remarquer que cette doctrine a suivi le développement de toutes les idées fausses ; qu'au lieu de grandir avec le temps, ce qui est le propre de la vérité, elle a toujours été s'amoindrissant et se circonscrivant sans cesse. Aujourd'hui il n'est pas un seul naturaliste qui croit à la génération spontanée d'un insecte, d'un mollusque et encore moins d'un animal vertébré.

Mais, à la fin du xvıı⁰ siècle, une immense découverte, celle du microscope, vint révéler à l'homme tout un monde nouveau, le monde des infiniment petits. A peine vaincue en ce qui concerne les êtres supérieurs, la doctrine de la génération spontanée reparut, disant avec audace : Voici mon domaine. C'est vrai, je m'étais trompée, les conditions actuelles ne sont plus celles qui conviennent aux êtres supérieurs, mais elles s'appliquent encore aux êtres microscopiques ; c'est chez eux qu'il existe des générations spontanées. — Et, en effet, chose étrange, dans l'espace de quelques heures, on voyait apparaître, sur le porte-objet du nouvel et merveilleux instrument, des animalcules à l'infini, d'une simplicité d'organisation quelquefois si grande qu'elle excluait toute possibilité de génération sexuelle. Et ces êtres étaient si nombreux, si divers, si bizarres de formes, leur origine était tellement liée à la présence de toute matière animale ou végétale morte, en voie de désorganisation, qu'on en vint à cette théorie spécieuse d'autant plus séduisante qu'elle avait à son service le style souple, brillant, imagé et très autorisé de l'illustre naturaliste Buffon :

« La matière des êtres vivants conserve après la mort un reste de vitalité. La vie réside essentiellement dans les dernières molécules des corps. Ces molécules sont arrangées comme dans un moule. Autant d'êtres, autant de moules différents, et, lorsque la mort fait cesser le jeu de l'organisation, c'est-à-dire la puissance de ce moule, la décomposition du corps suit, et les molécules organiques, qui toutes survivent, se retrouvant en liberté dans la dissolution et la putréfaction des corps, passent dans d'autres corps aussitôt qu'elles sont pompées par la puissance de quelque autre moule;... seulement il arrive une infinité de générations spontanées dans cet intermède, où la puissance du moule est sans action, c'est-à-dire dans cet intervalle de temps pendant lequel les molécules organiques se trouvent en liberté dans la matière des corps morts et décomposés;... ces molécules organiques, toujours actives, travaillent à remuer la matière putréfiée, elles s'en approprient quelques particules brutes et forment, par leur réunion, une multitude de petits corps organisés, dont les uns, comme les vers de terre, les champignons, etc., paraissent être des animaux ou des végétaux assez grands, mais dont les autres, en nombre presque infini, ne se voient qu'au microscope. Tous ces corps n'existent que par une génération spontanée, et ils remplissent l'intervalle que la nature a mis entre la simple molécule organique vivante et l'animal ou le végétal; aussi trouve-t-on tous les degrés, toutes les nuances imaginables dans cette suite, dans cette chaîne d'êtres qui descend de l'animal le mieux organisé à la molécule simplement organique... »

Voilà, Messieurs, pour Buffon la doctrine de la génération spontanée, ou, comme on l'appelle souvent quand il s'agit de ce grand naturaliste, *la*

Théorie des molécules organiques de Buffon. Je n'irai pas plus loin sans placer sous vos yeux quelques-unes de ces générations que Buffon disait spontanées. Je ne vous montrerai cependant ni des vers de terre ni des champignons. Vous venez de l'entendre, Buffon croyait encore que ces êtres-là venaient au monde sans parents. On ne le croit plus aujourd'hui. Ce qu'il faut que je vous montre, ce sont des êtres microscopiques, parce que c'est là, dit-on, que la génération spontanée est reléguée de nos jours, là où il est plus difficile, en effet, de porter la lumière de l'expérience. Mais ayez confiance, je l'y ferai pénétrer tout à l'heure, et vous ne sortirez pas d'ici sans être convaincus que la génération spontanée des êtres microscopiques est une chimère à l'égal de la génération spontanée des vers de terre et des champignons de Buffon, à l'égal de la génération spontanée des scorpions et des souris de Van Helmont.

A ce moment, M. Pasteur fait projeter sur le tableau quelques-unes de ces petites générations dites spontanées.

Voici, en premier lieu, de toutes les productions végétales l'une des plus simples qui existent : c'est la levure de bière.

Vous voyez qu'elle se compose de cellules renfermant quelquefois un noyau, un *nucleus,* comme disent les botanistes. Cette végétation microscopique se reproduit de la façon suivante :

Chaque cellule pousse un petit bourgeon, un petit bourrelet. Ce bourrelet grandit et, quand il a atteint les dimensions de la cellule mère, il s'en détache et il va à côté bourgeonner à son tour.

Le numéro 2 est une végétation tout à fait du même ordre. On y distingue mieux le bourgeonnement.

Le numéro 3 montre comment prennent naissance toutes les moisissures. Elles ont pour graine, pour spore, c'est le terme consacré en botanique, des globules comme celui-ci. Placées dans un milieu convenable, dans une infusion de matières organiques, pouvant leur fournir les éléments nutritifs dont ces graines ont besoin, elles grossissent d'abord sensiblement, puis elles s'allongent en tubes qui prennent un très grand développement. Très souvent, le plus ordinairement même, ces tubes se ramifient, et lorsque leurs extrémités arrivent au contact de l'air, que ces tubes ne sont plus dans l'intérieur du liquide, ils se couvrent de diverses façons, à leurs extrémités, de cellules pareilles à celles-ci, c'est-à-dire de graines capables de reproduire l'espèce.

Je vais placer maintenant sous vos yeux quelques animalcules.

Si l'on fait une infusion de matière organique, si l'on place, par exemple, dans de l'eau un peu de foin, certains principes du foin se dissolvent et fournissent des aliments appropriés au développement des êtres microscopiques.

Des infusoires de l'eau de foin sont projetés sur le tableau : ce sont de petites cellules qui s'agitent très vivement, qui courent, vont et viennent.

Ces petits êtres ont environ cinq millièmes de millimètre de diamètre, c'est-à-dire que, si vous divisiez un millimètre en mille parties et que vous prissiez cinq de ces parties, vous auriez le diamètre de ces globules.

Puis des anguillules sont projetées sur le tableau. Leur mouvement, analogue à celui des serpents, est très rapide, d'autant plus rapide qu'elles sont en proie aux convulsions de la mort. Elles périssent au bout de quelques instants, à cause de la haute température développée au foyer du microscope.

Telles sont, Messieurs, quelques-unes des générations que Buffon disait et qu'on dit encore spontanées de nos jours.

Des controverses très animées s'élevèrent alors comme aujourd'hui entre les savants, controverses d'autant plus vives, d'autant plus passionnées, qu'elles avaient leur contre-coup dans l'opinion publique, toujours partagée, vous le savez, entre deux grands courants d'idées, aussi vieilles que le monde, et qui, de nos jours, s'appellent le matérialisme et le spiritualisme. Quelle conquête, Messieurs, pour le matérialisme s'il pouvait protester qu'il s'appuie sur le fait avéré de la matière s'organisant d'elle-même, prenant vie d'elle-même ; la matière, qui a en elle déjà toutes les forces connues ! La voyez-vous encore dans la première de ces Soirées, dans cette exhibition des plus beaux phénomènes de la nature ? La voyez-vous encore si puissante et si faible, obéissant à merci à toutes les volontés du savant ? Ah ! si nous pouvions lui ajouter cette autre force qui s'appelle la vie, et la vie variable dans ses manifestations avec les conditions de nos expériences, quoi de plus naturel alors que de la déifier, cette matière? A quoi bon recourir à l'idée d'une création primordiale, devant le mystère de laquelle il faut bien s'incliner? A quoi bon l'idée d'un Dieu créateur? Écoutez plutôt, c'est un des adeptes de la doctrine qui va parler :

« Assistons à l'œuvre divine, dit un écrivain éminent : prenons une goutte d'eau dans la mer, nous y verrons recommencer la primitive création. Dieu n'opère pas de telle façon aujourd'hui et d'autre demain. Ma goutte d'eau, je n'en fais pas doute, va dans ses transformations me raconter l'univers. Attendons et observons. Qui peut prévoir, deviner l'histoire de cette goutte d'eau ? Plante-animal, animal-plante, qui le premier doit en sortir ? Cette goutte, sera-ce l'infusoire, la monade primitive, qui, s'agitant et vibrant, se fait bientôt vibrion ; qui, montant de rang en rang, polype, corail ou perle, arrivera peut-être en dix mille ans à la dignité d'insecte ?

« Cette goutte, ce qui va en venir, sera-ce le fil végétal, le léger duvet soyeux qu'on ne prendrait pas pour un être, et qui, déjà, n'est pas moins que le cheveu premier-né d'une jeune déesse, cheveu sensible, amoureux, dit si bien *cheveu de Vénus ?* Ceci n'est point de la fable, c'est de l'histoire naturelle. Ce cheveu de deux natures (végétale et animale), où s'épaissit la goutte d'eau, c'est bien l'aîné de la vie…

« Ces conferves, comme on les appelle, se trouvent universellement dans l'eau douce et dans l'eau salée quand elle est tranquille. Elles commencent la double série des plantes originaires de la mer et de celles qui sont devenues terrestres quand la mer a émergé. Hors de l'eau monte la famille des innombrables champignons, dans l'eau celle des conferves, algues et autres plantes analogues (1). »

Ainsi, Messieurs, la doctrine de la génération spontanée est-elle admise, et l'histoire de la création et de l'origine du monde organique n'est pas plus difficile que cela. On prend une goutte d'eau dans la mer, de cette eau (M. Michelet l'a développé dans de belles pages) qui renferme un peu de matière azotée, de mucus de la mer, de gelée féconde comme il l'appelle, et, au sein de cette matière inanimée, les premiers êtres de la création prennent naissance spontanément, puis, peu à peu, ils se transforment et montent de rang en rang, par exemple en dix mille ans, à l'état d'insectes, et au bout de cent mille ans, sans doute à l'état de singes et d'hommes.

Comprenez-vous maintenant le lien qui existe entre la question des générations spontanées et ces grands problèmes que j'ai énumérés en commençant ? Mais, Messieurs, dans un pareil sujet, assez de poésie comme cela, assez de fantaisie et de solutions instinctives ; il est temps que la

____

(1) MICHELET. *La mer*.

science, la vraie méthode reprenne ses droits et les exerce.

Il n'y a ici ni religion, ni philosophie, ni athéisme, ni matérialisme, ni spiritualisme qui tienne. Je pourrais même ajouter : Comme savant, peu m'importe. C'est une question de fait ; je l'ai abordée sans idée préconçue, aussi prêt à déclarer, si l'expérience m'en avait imposé l'aveu, qu'il existe des générations spontanées, que je suis persuadé aujourd'hui que ceux qui les affirment ont un bandeau sur les yeux.

Je prends pour guide ces paroles de Buffon, si vrai et si bien inspiré cette fois :

« J'avoue, dit Buffon, que rien ne serait si beau que d'établir d'abord un seul principe pour ensuite expliquer l'univers, et je conviens que, si l'on était assez heureux pour deviner, toute la peine que l'on se donne à faire des expériences serait bien inutile. Mais les gens sensés voient assez combien cette idée est vaine et chimérique... C'est par des expériences fines, raisonnées et suivies que l'on force la nature à découvrir son secret. Toutes les autres méthodes n'ont jamais réussi... Il ne s'agit pas [pour être physicien], de savoir ce qui arriverait dans telle ou telle hypothèse... Il s'agit de bien savoir ce qui arrive et de bien connaître ce qui se présente à nos yeux. »

Est-ce donc à dire que, dans ce débat relatif aux générations spontanées, partisans et adversaires n'expérimentent pas à l'envi ? Pensez-vous que, d'un côté, il y ait seulement des poètes, des romanciers, des savants à systèmes; de l'autre, des gens prudents qui ne veulent croire qu'aux résultats de l'expérience? Non, non; Dieu merci, nous sommes plus avancés que cela; la philosophie des sciences est plus avant que cela dans nos mœurs, dans nos habitudes de penser, et des deux côtés personne ne veut croire qu'à l'expérience. En voulez-vous la preuve? L'éminent historien que je citais tout à l'heure s'exprime ainsi : « *La mort fait la vie.* Harvey lui-même n'osa pas démentir cette croyance antique. En disant : *Tout vient de l'œuf,* il ajouta : *ou des éléments dissous de la vie précédente.* » Puis M. Michelet continue ainsi :

« C'est justement la théorie qui vient de renaître avec tant d'éclat par les expériences de M. Pouchet. »

Cette phrase, Messieurs, placée dans un livre d'imagination qui n'a aucune prétention à la science, qui n'a d'autre prétention que celle de nous émouvoir par le spectacle de la fécondité de la vie au sein des mers, me paraît un des plus beaux hommages que l'on puisse rendre à la puissance de la méthode expérimentale. Qu'importe que M. Michelet ne prenne dans la science que ce qui convient à ses idées préconçues, et qu'importe aussi qu'à côté du nom de M. Pouchet il ne place pas le nom de celui qui le combat; ce que j'admire, c'est qu'il proclame que sa pensée est enchaînée aux résultats de l'expérience.

Si je vous disais que vous trouveriez encore

dans Buffon, dans Buffon, un naturaliste de génie qui avait débuté dans la carrière des sciences par de mémorables expériences de physique, habitué en quelque chose par conséquent à la méthode expérimentale et qui en parlait tout à l'heure en termes si magnifiques, si je vous disais que vous trouveriez encore dans Buffon des phrases comme celle-ci : « Cherchons une hypothèse pour ériger un système. » Comprenez-vous le progrès maintenant, lorsque, de nos jours, un romancier se croit tenu de nous dire : « L'expérience est mon guide »? C'est là ce que j'admire et ce qui me fait dire que la philosophie des sciences fait partie intégrante du sens commun. Vous en avez une autre preuve : trouvez donc de notre temps un système philosophique qui ne soit pas plus ou moins frotté de science, pardonnez-moi la vulgarité de cette expression. C'est le même hommage sous une autre forme, c'est le même signe du temps; seulement il ne faut pas croire à l'intelligence de la science chez tous ceux qui en empruntent le langage.

Quoi qu'il en soit, dans ce débat, des deux côtés il y a des expériences, des deux côtés il y a des expérimentateurs. Par conséquent, la question est réduite à ces termes : Qui est-ce qui se trompe? Qui est-ce qui expérimente à la Van Helmont? Qui est-ce qui laisse rentrer les souris dans le pot de linge sale, à son insu, et les proclame ensuite des générations spontanées? Est-ce vous, partisans de la doctrine? Est-ce moi, son adversaire? C'est ce qu'il s'agit de déterminer maintenant avec précision.

Vous n'attendez pas sans doute de moi, Messieurs, que je rapporte toutes les expériences en litige; ce serait fatiguer inutilement votre attention. Je choisirai parmi les plus importantes.

Assurément, s'il existe des faits que les partisans de la doctrine de la génération spontanée doivent tenir pour vrais, ce sont ceux-là pour lesquels ils se sont crus autorisés à relever le drapeau de leur doctrine, tant soit peu oubliée et vaincue depuis la fin du dernier siècle. Ce fut en 1858 que M. Pouchet, directeur du Muséum d'histoire naturelle de Rouen, membre correspondant de l'Académie des sciences, vint déclarer à cette Académie qu'il avait réussi à instituer des expériences qui démontraient péremptoirement l'existence d'êtres microscopiques venus au monde sans germes, par conséquent sans parents semblables à eux.

Voici les expressions et les expériences de ce savant naturaliste : « L'air atmosphérique ne peut être et n'est pas le véhicule des germes des proto-organismes. J'ai pensé que ce serait ne laisser aucune prise à la critique, si je parvenais à déterminer l'évolution de quelque être organisé en substituant de l'air artificiel à celui de l'atmosphère. »

Voyez bien ce que l'auteur veut établir. L'air, dit-il, ne peut pas être, n'est pas le véhicule des germes des premiers organismes. C'est qu'en effet les naturalistes qui ne croient pas à la génération spontanée prétendent que les germes des êtres microscopiques existent dans l'air; que l'air les charrie, les transporte à distance, après les avoir soulevés dans les lieux où pullulent ces petits êtres. Voilà l'hypothèse des adversaires de la génération spontanée, et M. Pouchet qui veut la combattre, ajoute avec pleine raison : « Je ne laisserai aucune prise à la critique si je parviens à déterminer la génération de quelque être organisé en substituant un air artificiel à celui de l'atmosphère. » C'est vrai et logique; voyons comment M. Pouchet va s'y prendre. L'expérience est ainsi racontée dans son Mémoire :

« Un flacon d'un litre de capacité fut rempli d'eau bouillante, et, ayant été bouché hermétiquement avec la plus grande précaution, immédiatement on le renversa sur une cuve à mercure; lorsque l'eau fut totalement refroidie, on le déboucha sous le métal et on y introduisit un demi-litre de gaz oxygène pur », de ce gaz qui est la partie vitale et salubre de l'air, aussi nécessaire à la vie des êtres microscopiques qu'il l'est à la vie des grands animaux et des grands végétaux. Jusqu'ici il n'y a encore que de l'eau pure et du gaz oxygène dans le vase; achevons l'infusion.

« Aussitôt après, dit M. Pouchet, on y mit, sous le mercure, une petite botte de foin pesant 10 grammes, renfermée dans un flacon bouché à l'émeri et sortant d'une étuve chauffée à 100°, où elle était restée trente minutes. »

M. Pasteur figure alors cette expérience. Il place le flacon
sous le mercure, le débouche et fait passer le foin dans le
ballon déjà disposé à l'avance sur la cuve à mercure.

Voilà, Messieurs, l'expérience qui a remis en
question la doctrine des générations spontanées.

Voici son résultat : au bout de huit jours il y
avait dans l'infusion une moisissure développée.
Quelle est la conclusion de M. Pouchet? C'est
que l'air atmosphérique n'est pas le véhicule des
germes, des êtres microscopiques.

En effet, que voulez-vous objecter à M. Pouchet? Lui direz-vous : L'oxygène que vous avez
employé renfermait peut-être des germes. — Mais
non, répondra-t-il, car je l'ai fait sortir d'une combinaison chimique. — C'est vrai; il ne pouvait ren-
fermer des germes. Lui direz-vous : L'eau que
vous avez employée renfermait des germes.
Mais il vous répondra : Cette eau, qui avait
été exposée au contact de l'air, aurait pu en
recevoir, mais j'ai eu soin de la placer bouillante
dans le vase et, à cette température, si des germes
avaient existé, ils auraient perdu leur fécondité.
Lui direz-vous : C'est le foin. — Mais non : le
foin sortait d'une étuve chauffée à 100°. On lui
fit cependant cette dernière objection, car il y a de
singuliers êtres qui, chauffés à 100°, ne périssent
pas ; mais il répondit : Qu'à cela ne tienne! Et il
chauffa le foin à 200, 300°... Il dit même, je crois,
qu'il a été jusqu'à la carbonisation. Eh bien, je l'ad-
mets, l'expérience ainsi conduite est irréprochable,
mais seulement sur tous les points qui ont appelé

l'attention de l'auteur. Je vais démontrer qu'il y a
une cause d'erreur que M. Pouchet n'a pas aper-
çue, dont il ne s'est pas le moins du monde douté,
dont personne ne s'était douté avant lui, et cette
cause d'erreur rend son expérience complètement
illusoire, aussi mauvaise que celle du pot de linge
sale de Van Helmont; je vais vous montrer par
où les souris sont entrées. Je vais démontrer que
dans toute expérience du genre de celle qui nous
occupe, il faut absolument proscrire l'emploi de
la cuve à mercure. Je vais vous démontrer, cela
paraît bien extraordinaire au premier abord, que
c'est le mercure qui, dans toutes les expériences
de cette nature, apporte dans les vases les germes,
ou mieux, pour que mon expression n'aille pas
présentement au delà du fait démontré, les poussières qui sont en suspension dans l'air.

Il n'est personne parmi vous, Messieurs, qui
ne sache qu'il y a toujours des poussières en
suspension dans l'air. La poussière est un ennemi
domestique que tout le monde connaît. Qui
d'entre vous n'a vu un rayon de soleil pénétrant
par la jointure d'un volet ou d'une persienne dans
une chambre mal éclairée? Qui d'entre vous ne
s'est amusé à suivre de l'œil les mouvements
capricieux de ces mille petits corps, d'un si petit
volume, d'un si petit poids, que l'air peut les
porter comme il porte la fumée? L'air de cette
salle est tout rempli de ces petits brins de poussière, de ces mille petits riens, qu'il ne faut pas
dédaigner toutefois, car ils portent quelquefois

avec eux la maladie ou la mort : le typhus, le choléra, la fièvre jaune et tant d'autres fléaux. L'air
de cette salle en est rempli. Pourquoi ne les
voyons-nous pas ? Ils sont éclairés cependant.
Nous ne les voyons pas parce qu'ils sont si petits,
d'un si faible volume, que les quelques rayons de
lumière que chacun d'eux envoie à notre œil sont
perdus, confondus dans le très grand nombre de
rayons que nous envoient même les plus petits
objets de cette salle, qui sont toujours d'une
grosseur considérable par rapport à chacun de
ces petits corps. Nous ne les voyons pas par la
même raison que le jour nous ne voyons pas les
étoiles à la voûte du ciel. Mais faisons la nuit
autour de nous, rendons tout obscur, et éclairons
seulement ces petits corps, alors nous les verrons
comme le soir on voit les étoiles.

Nous allons produire l'obscurité dans la salle
et lancer un faisceau de lumière.

Vous pouvez voir, Messieurs, s'agiter bien des
poussières dans ce faisceau lumineux. Du reste,
ce faisceau de lumière, vous ne le voyez lui-même
que parce qu'il y a des brins de poussière dans
l'air de la salle. Si vous les supprimiez, vous ne
verriez rien, car ce n'est pas la lumière elle-même
qui est visible.

Ainsi, Messieurs, il y a de la poussière partout dans cette salle. Si j'avais eu quelques instants de plus, je vous aurais dit : Regardez bien
dans ce faisceau de lumière, approchez-vous, et
vous verrez que ces petits brins de poussière,

quoique agités de mouvements divers, tombent toujours plus ou moins vite; vous en distinguez quelques-uns, et l'instant d'après ils sont un peu plus bas, bien qu'ils flottent dans l'air. Tout en flottant, ils tombent. C'est ainsi que se couvrent de poussière tous les objets, nos meubles, nos vêtements. Il tombe donc en ce moment de la poussière sur tous ces objets, sur ces livres, sur ces papiers, sur cette table, sur le mercure de cette cuve.

Il en tombait tout à l'heure, il y a une heure, deux heures, ce matin, hier. Depuis que ce mercure est sorti de sa mine, il reçoit des poussières, indépendamment de celles qui s'incorporent dans l'intérieur du métal par l'effet des manipulations nombreuses auxquelles on le soumet dans nos laboratoires. Eh bien, je vais vous démontrer qu'il n'est pas possible de toucher à ce mercure, d'effectuer une manipulation quelconque sur ce mercure, d'y placer la main, un flacon, sans introduire dans l'intérieur de la cuve les poussières qui sont à la surface.

Afin de rendre visible l'épreuve à laquelle je vais soumettre la surface de cette cuve à mercure, je vais produire l'obscurité et éclairer seulement la cuve, puis saupoudrer de la poussière en assez grande quantité. Cela fait, j'enfonce un objet quelconque dans le mercure de la cuve, un bâton de verre par exemple; aussitôt vous voyez les poussières cheminer et se diriger toutes du côté de l'endroit où j'enfonce le bâton de verre, et pénétrer dans l'espace entre le verre et le mercure, parce que le mercure ne mouille pas le verre.

Voici, Messieurs, une cuve beaucoup plus profonde, où l'expérience se fera d'une manière plus saisissante. Elle se compose d'un tube de fer d'un mètre de profondeur, surmonté d'une cuvette. Toute la surface du mercure contenu dans ce vase est couverte de poussière. J'y enfonce le bâton de verre, et peu à peu la surface du mercure se découvre complètement et prend un aspect métallique, de terne qu'elle était auparavant. Toutes les poussières sont dans l'intérieur, à la partie inférieure de la cuve, et la surface se recouvrira de nouveau de poussière quand je retirerai le bâton de verre.

Quelle est la conséquence, Messieurs, de cette épreuve si simple, mais si grave pour le point qui nous occupe? C'est qu'il n'est pas possible de manipuler sur la cuve à mercure sans faire pénétrer dans l'intérieur du vase les poussières qui sont à sa surface. C'est vrai, M. Pouchet a éloigné les poussières en se servant de gaz oxygène, d'air artificiel; il a éloigné les germes qui pouvaient être dans l'eau, dans le foin; mais ce qu'il n'a pas éloigné, ce sont les poussières et, par suite, les germes qui sont à la surface du mercure.

Mais je vais cependant au delà de l'expérience. Je viens de démontrer qu'il est impossible de manipuler sur la cuve à mercure sans introduire dans le vase les poussières qui sont à la surface. Mais quand je dis les poussières et que j'ajoute : par conséquent les germes, je vais plus loin que l'expérience. Que reste-t-il donc à faire? Il faut que j'arrive à établir que les poussières qui flottent dans l'air renferment des germes d'organismes inférieurs. Eh bien, Messieurs, il n'y a rien de plus simple, quel que soit le lieu du globe où l'on opére, que de réunir les poussières qui sont dans l'air, de les examiner au microscope, d'étudier leur composition et de voir ce qu'elles renferment.

Voici un tube de verre qui est ouvert à ses deux extrémités.

Vous avez vu tout à l'heure qu'il y avait de la poussière dans cette salle, qu'il y en a partout. Je suppose que je place l'extrémité du tube de verre à ma bouche et que j'aspire. En aspirant, je fais entrer dans ma bouche, dans l'intérieur de mes poumons, les poussières qui sont en suspension dans l'air. Si je veux prolonger cette aspiration, je n'aurai qu'à mettre en communication l'extrémité du tube avec un vase rempli d'eau.

On entend aussitôt le bruit de l'aspiration. Par conséquent, il est évident que la poussière passe dans l'intérieur du tube.

Or, si je place dans ce tube une petite bourre de coton, il est bien clair que, si la bourre du coton n'est pas trop tassée de manière à intercepter le passage de l'air, la poussière va rester en grande partie, en presque totalité, sur le coton. Je suppose que l'expérience soit faite : voici une de ces bourres ainsi chargées. Les personnes qui sont à petite distance peuvent voir qu'elle en est presque noire. Quoi de plus simple que de mettre un peu d'eau dans ce verre de montre, où je dépose cette bourre de coton, de la malaxer entre les doigts et de faire tomber sur une lame de verre une goutte de cette eau qui tient en suspension la poussière, de laisser l'eau s'évaporer, de rajouter une seconde, puis une troisième goutte et ainsi de suite? On accumulera ainsi sur cette lame de verre une grande quantité de la poussière qui était sur la bourre de coton, alors on observera au microscope. Or, en agissant ainsi ou par un moyen un peu plus compliqué, dans le détail duquel je n'entre pas, voici ce que l'on observe. — M. Duboscq va projeter sur le tableau l'image des poussières recueillies dans l'atmosphère.

Vous y voyez beaucoup de choses amorphes, de la suie, du carbonate de chaux, peut-être de petits fragments de laine, de soie, de coton, enlevés à vos vêtements. Mais au milieu de ces choses amorphes, vous apercevez des corpuscules tels que ceux-ci, qui sont évidemment des corpuscules organisés. Vous voyez donc qu'il y a toujours associés aux poussières amorphes qui flottent dans l'air des corpuscules organisés. Si vous preniez la dimension de ces corpuscules, que vous placiez à côté une de ces graines de moisissure dont je vous ai montré le mode de germination, il serait impossible au plus habile naturaliste d'établir la moindre différence entre ces objets. Ce sont là,

Messieurs, les germes des êtres microscopiques.

Je pourrais maintenant, par un artifice particulier, en brisant d'une certaine façon l'extrémité de ces vases dans lesquels il y a des infusions organiques très altérables au contact de l'air atmosphérique ordinaire, mais qui ne s'altèrent pas ici parce que l'air renfermé dans ces vases a été porté à une température très élevée et a été ainsi rendu impropre à provoquer l'apparition des êtres microscopiques, vous montrer qu'on peut semer dans l'intérieur de ces vases les corpuscules qui sont en suspension dans l'air et reconnaître au bout de deux ou trois jours que les vases ainsi ensemencés donnent lieu à des êtres microscopiques. Je pourrais, d'autre part, recueillir les corpuscules de l'air sur de l'amiante et ensemencer celle-ci après l'avoir fait brûler dans la flamme pour détruire les corpuscules. Dans ce cas, l'infusion reste parfaitement intacte, comme si l'on n'avait rien semé. Donc, ces corpuscules sont bien évidemment des germes, et vous en aurez encore tout à l'heure d'autres preuves non moins convaincantes.

Mais, Messieurs, j'ai hâte d'arriver à des expériences, à des démonstrations si saisissantes que vous ne voudrez retenir que celles-là.

Nous avons prouvé tout à l'heure que M. Pouchet s'était trompé, parce qu'il avait employé dans ses premières expériences une cuve à mercure.

Supprimons l'emploi de la cuve à mercure, puisque nous avons reconnu qu'elle donnait lieu à des erreurs inévitables. Voici, Messieurs, une infusion de matière organique d'une limpidité parfaite, limpide comme de l'eau distillée, et qui est extrêmement altérable. Elle a été préparée aujourd'hui. Demain déjà elle contiendra des animalcules, de petits infusoires ou des flocons de moisissures.

Je place une portion de cette infusion de matière organique dans un vase à long col, tel que celui-ci. Je suppose que je fasse bouillir le liquide et qu'ensuite je laisse refroidir. Au bout de quelques jours, il y aura des moisissures ou des animalcules infusoires développés dans le liquide. En faisant bouillir, j'ai détruit les germes qui pouvaient exister dans le liquide et à la surface des parois du vase. Mais comme cette infusion se trouve remise au contact de l'air, elle s'altère comme toutes les infusions.

Maintenant je suppose que je répète cette expérience, mais qu'avant de faire bouillir le liquide, j'étire à la lampe d'émailleur le col du ballon, de manière à l'effiler, en laissant toutefois son extrémité ouverte. Cela fait, je porte le liquide du ballon à l'ébullition, puis je le laisse refroidir. Or, le liquide de ce deuxième ballon restera complètement inaltéré, non pas deux jours, non pas trois, quatre, non pas un mois, une année, mais trois et quatre années, car l'expérience dont je vous parle a déjà cette durée. Le liquide reste parfaitement limpide, limpide comme de l'eau distillée. Quelle différence y a-t-il donc entre ces deux vases? Ils renferment le même liquide, ils renferment tous deux de l'air, tous les deux sont ouverts. Pourquoi donc celui-ci s'altère-t-il, tandis que celui-là ne s'altère pas ? La seule différence, Messieurs, qui existe entre les deux vases, la voici : Dans celui-ci, les poussières qui sont en suspension dans l'air et leurs germes peuvent tomber par le goulot du vase et arriver au contact du liquide où ils trouvent un aliment approprié et se développent. De là, les êtres microscopiques. Ici, au contraire, il n'est pas possible, ou du moins il est très difficile, à moins que l'air ne soit vivement agité, que les poussières en suspension dans l'air puissent entrer dans ce vase. Où vont-elles? Elles tombent sur le col recourbé. Quand l'air rentre dans le vase par les lois de la diffusion et les variations de température, celles-ci n'étant jamais brusques, l'air rentre lentement et assez lentement pour que ses poussières et toutes les particules solides qu'il charrie tombent à l'ouverture du col, ou s'arrêtent dans les premières parties de la courbure.

Cette expérience, Messieurs, est pleine d'enseignements. Car remarquez bien que tout ce qu'il y a dans l'air, tout, hormis ses poussières, peut entrer très facilement dans l'intérieur du vase et arriver au contact du liquide. Imaginez ce que vous voudrez dans l'air, électricité, magnétisme, ozone, et même ce que nous n'y connaissons pas encore, tout peut entrer et venir au contact de l'infusion. Il n'y a qu'une chose qui ne puisse pas rentrer facilement, ce sont les poussières en suspension dans l'air, et la preuve que c'est bien cela, c'est que si j'agite vivement le vase deux ou trois fois, dans deux ou trois jours il renfermera des animalcules et des moisissures. Pourquoi? Parce que la rentrée de l'air a eu lieu brusquement et a entraîné avec lui des poussières.

Et par conséquent, Messieurs, moi aussi, pourrais-je dire, en vous montrant ce liquide : J'ai pris dans l'immensité de la création ma goutte d'eau, et je l'ai prise toute pleine de la gelée féconde, c'est-à-dire, pour parler le langage de la science, toute pleine des éléments appropriés au développement des êtres inférieurs. Et j'attends, et j'observe, et je l'interroge, et je lui demande de vouloir bien recommencer pour moi la primitive création; ce serait un si beau spectacle! Mais elle est muette! Elle est muette depuis plusieurs années que ces expériences sont commencées. Ah! c'est que j'ai éloigné d'elle, et que j'éloigne encore en ce moment la seule chose qu'il n'ait pas été donné à l'homme de produire, j'ai éloigné d'elle les germes qui flottent dans l'air, j'ai éloigné d'elle la vie, car la vie c'est le germe et le germe c'est la vie. Jamais la doctrine de la génération spontanée ne se relèvera du coup mortel que cette simple expérience lui porte.

Cependant, Messieurs, on peut encore aller plus loin.

Il y a une circonstance qui a singulièrement

obscurci le sujet qui nous occupe. Vous savez tous que le jus de raisin ne s'altère pas, ne fermente pas, tant qu'il n'a pas eu le contact de l'air. Tant que le grain est attaché à la grappe, le jus qui est dans l'intérieur du grain ne fermente pas. Mais dès que le grain se trouve déchiré et que le jus est exposé à l'air, il s'altère, et si vous examinez alors ce jus au microscope, vous y voyez une petite végétation, c'est celle que je vous ai montrée tout à l'heure.

Gay-Lussac le premier a reconnu qu'il suffisait de mettre au contact d'une grande quantité de jus de raisin une bulle d'air pour provoquer la fermentation, et, par conséquent, la production de cette végétation cryptogamique. Ce fait a été peu à peu, sans preuves bien étudiées, étendu à toutes les infusions de matières organiques; par exemple on disait : Prenez une conserve d'Appert et mettez-la au contact de l'air, ou seulement introduisez dans l'intérieur de la conserve une très petite quantité d'air, la conserve s'altérera, et si vous l'examinez au microscope, vous y trouverez des animalcules infusoires et des moisissures. Alors les partisans de la génération spontanée ont fait l'objection suivante : ils ont dit à leurs adversaires : Mais comment voulez-vous qu'il y ait dans l'air atmosphérique assez de germes d'êtres microscopiques pour que la plus petite bulle d'air renferme les germes qui peuvent se développer dans toutes les infusions organiques, cela n'est pas possible. S'il en était ainsi, il y aurait dans l'air encombrement de matière organique, elle y formerait un brouillard épais. Je crois même que M. Pouchet a dit : « Cela formerait un brouillard dense comme du fer. »

Je me rappelle qu'au moment où j'ai commencé à m'occuper de ces études, cette objection me paraissait difficile à résoudre. Je ne comprenais pas que chaque petite bulle d'air pût fournir à chaque infusion les germes propres à cette infusion. Cette objection est donc sérieuse, mais à quelle condition ? c'est que la base sur laquelle elle s'appuie soit une base solide. Eh bien, je vais vous démontrer qu'il est absolument faux qu'une petite quantité d'air, prise en n'importe quel point de la surface du globe, soit capable de provoquer le développement d'organismes microscopiques dans une infusion quelle qu'elle soit.

Je prends une matière organique parfaitement limpide, tellement altérable que demain vous la verriez toute trouble, pourvu que la température soit de 15 à 25°.

Je place dans un vase une certaine quantité de cette infusion très putrescible, j'étire le col, puis je fais bouillir le liquide. L'air qui était dans le ballon est forcé d'en sortir par le dégagement de la vapeur d'eau. D'ailleurs, en chauffant le liquide jusqu'à 100°, je détruis la fécondité des germes que l'air a pu y apporter.

Au moment où le liquide est en ébullition depuis quelques minutes, je ferme, à l'aide d'une lampe d'émailleur, l'extrémité du tube, en faisant fondre le verre, puis je laisse refroidir. (Voici des vases préparés de cette manière.) Ces vases, par conséquent, sont vides d'air, et, au point de vue de la génération spontanée, tout aussi bien qu'à celui de la doctrine contraire, il n'est pas possible que le liquide qu'ils contiennent s'altère. Je suppose maintenant que je brise leur col; vous entendez un sifflement : c'est l'air qui est entré avec force dans le ballon, parce que le vide y existait. Je le referme alors. Qu'y a-t-il dans ce vase? Une infusion de matière organique très altérable, putrescible; et quoi encore? De l'air ordinaire, de l'air de cette salle, qui est entré avec force, entraînant avec lui toutes les poussières qu'il tient en suspension.

Si la génération spontanée existe, le liquide va s'altérer, il n'est pas possible qu'il en soit autrement. En effet, cela arrive ainsi; mais il s'altère seulement dans certains cas, c'est-à-dire que si je prends, par exemple, vingt ballons tels que celui-ci, préparés comme je l'ai indiqué il y a un instant, que j'ouvre, ainsi que je l'ai fait tout à l'heure, ces vingt ballons, que je les referme ensuite, et que j'abandonne ces vases dans une étuve, il arrive constamment, c'est l'expérience qui le démontre, et rien au monde ne peut détruire la puissance de ce fait, il arrive constamment qu'un certain nombre de ces ballons restent entièrement inaltérés, sans qu'il s'y développe le moindre animalcule, la moindre moisissure. Par conséquent, Messieurs, la génération spontanée n'existe pas. Quoi de plus impossible, en effet, qu'un tel résultat dans l'hypothèse de la génération spontanée! Au contraire, quoi de plus naturel, je dis plus, quoi de plus nécessaire, dans la doctrine adverse! En effet, s'il est vrai qu'il existe des germes dans l'air, il y a évidemment dissémination de ces germes, il est clair qu'il y en a ici, et que là il n'y en a pas. Qui dit dissémination aérienne des germes dit absence de continuité de la cause des générations spontanées. Aussi savez-vous ce qui est arrivé? Les partisans de la génération spontanée disent: Cela n'est pas vrai. C'est-à-dire qu'ils nient l'évidence. Et quand est-ce que le nombre des ballons qui ne s'altèrent pas sera le plus considérable? C'est évidemment quand on s'éloignera des lieux habités, où il y a beaucoup de poussière, des lieux bas, humides, marécageux, quand on s'élèvera sur des montagnes ou qu'on descendra dans les profondeurs de la terre. Allez, par exemple, sur un glacier, sur la Mer de Glace, il est bien clair que l'air, quoique renfermant encore des poussières, en renferme moins que dans cette salle.

J'ai fait, Messieurs, toutes ces expériences. Parmi les vases que je vous présente, il en est qui ont été ouverts dans un appartement, dans un laboratoire, dans un jardin; sur le Jura, à huit cents et tant de mètres d'élévation; d'autres qui ont été ouverts sur la Mer de Glace. Sur la Mer de Glace, j'en ai ouvert vingt. Un seul s'est altéré. C'est le 22 septembre 1860 que j'ai fait cette expérience. Et croyez-vous par hasard qu'il y ait quelque chose dans ces liquides qui les ait empêchés de s'altérer? Brisez le col de ces ballons; demain, après-demain au plus tard, il y aura des organismes si la température des ballons est de 20 à 25°. Dix-neuf ballons sur vingt sont restés intacts parmi ceux du Montanvert [près de la Mer de Glace], quinze sur vingt parmi ceux du Jura, et douze sur vingt parmi ceux qui ont été ouverts dans la campagne au pied du Jura.

Je vous disais tout à l'heure que, plus on s'éloignait des habitations, moins il y a de germes dans l'air, et plus grand est le nombre des ballons qui ne s'altèrent pas.

Inversement, plus on se rapproche des habitations, et plus grand est le nombre des ballons qui s'altèrent. J'en ai eu une preuve intéressante et que je dois vous raconter. J'avais emporté, pour refermer mes ballons sur la Mer de Glace, une lampe à jet d'alcool. J'ouvre mes ballons et me mets en mesure de les refermer. Chose singulière! le soleil donnant sur la glace, la blancheur de la glace était telle qu'il me fut impossible de distinguer le jet d'alcool enflammé, que le vent rendait d'ailleurs un peu mobile. Je ne suis pas parvenu à maintenir sur l'extrémité effilée du col le jet de la flamme assez longtemps pour pouvoir en fermer l'ouverture : je ne la voyais pas. Vous me direz : Vous auriez pu faire ombre autour de votre lampe avec vos vêtements. Oui; mais les vêtements auraient été une source de poussière, et j'aurais couru risque d'introduire, dans l'air que je voulais recueillir, précisément ce que j'avais intérêt à éloigner. Je fus obligé de passer la nuit à la petite auberge du Montanvert et de recommencer l'expérience le lendemain avant le lever du soleil, avec une autre série de vingt ballons.

Je ne refermai que le lendemain les treize ballons rapportés à l'auberge, qui avaient donc été exposés une nuit, ouverts, aux poussières de la chambre que j'occupais. Eh bien! savez-vous combien il y en eut qui s'altérèrent? Dix sur treize.

Messieurs, si l'heure avancée ne m'obligeait de finir, j'aurais pu vous montrer en terminant les liquides les plus altérables qu'il y ait au monde, au moins ceux qui ont cette réputation, le sang et l'urine, prélevés par un artifice particulier dans les veines ou dans la vessie d'animaux vivants en pleine santé, exposés ensuite au contact de l'air, mais de l'air privé de ses germes, de ses poussières, et je vous aurais fait voir que ces liquides ne sont pas le moins du monde altérés. Cette expérience date du mois de mars 1863. L'urine conserve jusqu'à son odeur; il n'y a aucune espèce de putréfaction. Il en est de même du sang. Et remarquez qu'il s'agit de liquides qui n'ont subi aucune élévation de température. Jusqu'à présent j'avais toujours fait bouillir les liquides; mais ce sang et ces urines sont tels qu'ils étaient quand on les a pris sur des animaux vivants. Donc, encore une fois, la génération spontanée des êtres microscopiques est une chimère.

Non, il n'y a aucune circonstance aujourd'hui

connue dans laquelle on puisse affirmer que des êtres microscopiques sont venus au monde sans germes, sans parents semblables à eux. Ceux qui le prétendent ont été le jouet d'illusions, d'expériences mal faites, entachées d'erreurs qu'ils n'ont pas su apercevoir ou qu'ils n'ont pas su éviter.

Maintenant, Messieurs, il y aurait un beau sujet à traiter : c'est celui du rôle, dans l'économie générale de la création, de quelques-uns de ces petits êtres qui sont les agents de la fermentation, les agents de la putréfaction, de la désorganisation de tout ce qui a eu vie à la surface du globe. Ce rôle est immense, merveilleux, vraiment émouvant. Un jour peut-être me sera-t-il donné de vous exposer ici quelques-uns de ces résultats. Dieu veuille que ce soit encore en présence d'une aussi brillante assemblée!

LETTRE

A SA FEMME ET A SES ENFANTS

écrite d'Arbois le soir de l'enterrement de son père

(17 juin 1865)

Ma chère Marie, mes chers enfants,

L E pauvre grand-père n'est plus et nous l'avons conduit ce matin à sa dernière demeure. Il est aux pieds de la pauvre petite Jeanne. Au milieu de ma douleur, j'ai été bien heureux de la bonne pensée de Virginie qui l'avait fait placer là, et j'espère qu'un jour je pourrai les réunir à ma tendre mère et à mes sœurs, jusqu'au moment où j'irai moi-même les rejoindre. Jusqu'au dernier instant, j'ai espéré le revoir, l'embrasser une dernière fois, lui donner la consolation de presser dans ses bras son fils qu'il a tant aimé ; mais en arrivant à la gare, j'aperçus des cousins tout en noir qui venaient de Salins. Seulement alors j'ai compris que je ne pourrais plus que l'accompagner au cimetière.

Il est mort le jour de ta première communion, ma chère Cécile : deux souvenirs qui ne sortiront pas de ton cœur, ma pauvre enfant. J'en avais donc le pressentiment lorsque le matin même, à l'heure où il était frappé pour ne plus se relever, je te demandais de prier Dieu pour le grand-père d'Arbois. Tes prières auront été bien agréables à Dieu, et qui sait si le grand-père lui-même ne les a pas connues et ne s'est pas réjoui avec la pauvre petite Jeanne des saintes ferveurs de Cécile ?

J'ai repassé tout le jour dans ma mémoire toutes les marques d'affection de mon pauvre père. Depuis trente années, j'ai été sa constante et presque unique préoccupation. Je lui dois tout. Jeune, il m'a éloigné des mauvaises fréquentations et m'a donné l'habitude du travail et l'exemple de la vie la plus loyale et la mieux remplie. Cet homme était, par la distinction de l'esprit et du caractère, bien au-dessus de sa position, à juger des choses comme on le fait dans le monde. Lui ne s'y trompait pas : il savait bien que c'est l'homme qui honore sa position, et non la position qui honore l'homme. Tu ne l'as pas connu, ma chère Marie, au temps où ma mère et lui travaillaient si durement pour leurs chers enfants qu'ils aimaient tant, pour moi surtout, dont les livres, les mois de collège, la pension à Besançon coûtaient cher. Je le vois encore, mon pauvre père, dans les loisirs que lui laissait le travail manuel, lisant beaucoup, s'instruisant sans cesse, d'autres fois dessinant ou sculptant du bois. Il n'y a pas longtemps encore, il me montrait un dessin de moi dans lequel il a fait une croix. Il n'y a que cela de bien dans ce dessin. Il avait la passion du savoir et de l'étude. Je l'ai vu étudiant des grammaires, la plume à la main, les comparant, les commentant, afin d'apprendre, à quarante et cinquante ans, ce que lui avaient refusé les infortunes de ses premières années. Mais les livres qu'il aimait et qu'il recherchait par-dessus tout, c'étaient ceux qui lui remettaient en mémoire les faits de la grande époque impériale, qu'il avait servie à son heure sur le champ de bataille, et qui avait renouvelé la société.

Et ce qu'il y a de touchant dans son affection pour moi, c'est qu'elle n'a jamais été mêlée d'ambition. Tu te rappelles qu'il m'aurait vu, disait-il, avec plaisir régent du collège d'Arbois. C'est que, derrière mon avancement possible, il voyait le travail qui le procurerait, et derrière ce travail, ma santé qui pourrait en souffrir. Et pourtant tel qu'il était, tel que je le vois mieux aujourd'hui, quelques-uns des succès de ma carrière scientifique ont dû vivement l'enorgueillir en le comblant de joie. C'était son fils, c'était son nom. C'était l'enfant qu'il avait guidé et conseillé. Ah ! mon pauvre père ! Je suis bien heureux de penser que j'ai pu te donner quelques satisfactions.

Adieu, ma chère Marie, adieu, mes chers enfants. Nous parlerons souvent du grand-père d'Arbois. Que je suis heureux qu'il vous ait tous revus et embrassés, il n'y a pas longtemps, et qu'il ait eu le temps encore de connaître la chère petite Camille. Je désirerais bien vous voir et vous embrasser tous. Mais il faut que je retourne à Alais. Mes études seraient retardées d'une année, si je n'y allais passer quelques jours.

J'ai quelques idées sur cette maladie qui est véritablement pour tous ces pays du Midi un immense fléau. Le seul arrondissement d'Alais, me disait le sous-préfet, a perdu, depuis quinze ans, 120 millions de revenus. M. Dumas a mille fois raison, il faut s'en occuper, et je dois aller poursuivre mes expériences. Je vais écrire à M. Nisard que les compositions pour l'admission puissent se faire en mon absence. C'est facile. Il n'y aura qu'à faire ce qui a été fait l'an dernier.

Adieu encore. Je vous embrasse bien affectueusement.

LAVOISIER

article publié dans le *Moniteur*

(*4 septembre 1865*)

I

O n trouverait difficilement dans l'histoire des sciences un nom qui éveille plus d'admiration et de sympathie que celui de Lavoisier. L'éclat et la fécondité de ses découvertes, la noblesse de ses sentiments comme homme public et comme homme privé, sa fin si cruellement prématurée, à laquelle on ne peut penser sans un douloureux serrement de cœur, tout se réunit pour faire de Lavoisier l'une des plus pures et des plus touchantes illustrations de notre pays. « C'est l'homme le plus complet, le plus grand homme peut-être que la France ait produit dans les sciences », disait un jour M. Dumas, dans une brillante leçon du Collège de France, dans cette même leçon où il prenait l'engagement de publier une édition complète des œuvres de Lavoisier comme le monument le plus digne que l'on pût élever à sa mémoire.

Cette pieuse pensée, qui ne l'a point quitté malgré les préoccupations incessantes des éminents travaux dont sa vie est remplie, M. Dumas a la satisfaction de la réaliser aujourd'hui, et, pour ainsi dire, au nom de l'Académie et de la France.

Nommé président de l'Académie des sciences en 1843, M. Dumas s'empressa de proposer à M. Villemain, alors ministre de l'Instruction publique, la présentation d'un projet de loi relatif à la publication des œuvres de Lavoisier. Cette proposition, qui se liait aux dispositions législatives adoptées en 1842 et 1843 pour la réimpression des œuvres de deux savants géomètres, Laplace et Fermat, fut accueillie de la manière la plus favorable. L'illustre ministre avait, le premier, représenté au gouvernement d'alors l'utilité et la convenance de ces justes et solennels hommages rendus au génie scientifique de la France. Mais des lenteurs survinrent, et malgré le vœu unanime exprimé par l'Académie des sciences, en 1846, au nom d'une commission dont M. Dumas était le rapporteur, le projet de loi ne fut pas présenté. C'est un honneur pour M. Rouland d'avoir recueilli cet héritage. Par arrêté du 4 février 1861, il chargea M. Dumas de la publication, aux frais de l'Etat, des œuvres de Lavoisier. L'exécution, comme on peut le prévoir aisément, ne se fit pas attendre. Aujourd'hui, les trois premiers tomes ont paru. Le quatrième est sous presse; il sera suivi de deux autres qui seront les derniers, et, dans

un an ou deux, un des vœux les plus chers aux
amis des sciences aura reçu une complète satisfaction.

Indépendamment des ouvrages imprimés et
des mémoires qui ont pris place dans les divers
recueils scientifiques, M. Dumas a pu réunir,
grâce à la confiance de M. de Chazelles, représentant de la famille de Lavoisier, un grand nombre
de pièces ou de documents manuscrits concer-
nant ses études et ses travaux, les notes recueillies pendant ses voyages et les registres de son
laboratoire demeurés longtemps entre les mains
de M. Arago, à qui Mme de Rumford les avait
confiés.

De précieux autographes ont été remis en
outre à M. Dumas.

Enfin M. de Chazelles a désiré qu'il lui fût
permis de faire hommage à l'édition d'un portrait
de Lavoisier, destiné à orner le premier volume.
M. Henriquel-Dupont a bien voulu veiller à l'exécution de la gravure, faite d'après une belle pein-
ture de David, demeurée en la possession de M. de
Chazelles lui-même.

Un habile graveur, M. Wormser, a reproduit
les planches célèbres dont Lavoisier a enrichi
ses mémoires et son *Traité de chimie*.

La beauté de l'édition ne laisse donc rien à
désirer. L'imprimerie impériale y apporte d'ailleurs un zèle et des soins dont on lui doit des
remerciements tout particuliers.

II

Je parcours maintenant ces trois premiers volumes et j'en éprouve une émotion que je voudrais pouvoir communiquer; car il ne faut pas, pour l'honneur de la génération actuelle, que les chimistes paraissent froids en présence de cet acte de réparation à la mémoire de Lavoisier.

Pour moi, je reste confondu de surprise et d'admiration devant ce tome II, où M. Dumas a eu l'excellente pensée de réunir et de classer, selon leur ordre chronologique, tous les mémoires essentiels et caractéristiques de son œuvre. Il n'y en a pas moins de soixante et un, tous composés de 1770 à 1792.

Ces vingt-deux années forment à peu près la durée de la vie scientifique de Lavoisier. Comment le même homme a-t-il pu, dans une carrière si courte, rassembler un pareil nombre de faits et d'expériences, préciser tant de résultats nouveaux, surveiller la construction de tant d'appareils qui devaient y concourir et qui étaient inconnus même des artistes chargés de leur exécution? Mais quel sera notre étonnement lorsque, jetant les yeux sur les cinq autres volumes du recueil, nous verrons Lavoisier traiter avec un talent sans égal une foule de questions de haute administration et d'économie politique, rédiger des rapports, proposer des sujets de prix, composer des ouvrages de longue haleine, entretenir une correspondance active, diriger l'exploitation d'un vaste domaine ! Je doute qu'il se soit jamais rencontré une intelligence plus ouverte, plus vive et mieux ordonnée. Et si l'on veut savoir comment ce grand esprit parlait d'agri_ culture et d'économie politique il y a plus de soixante-dix ans, qu'on lise cette page :

« Ce n'est pas seulement dans les cabinets qu'il faut étudier l'économie politique ; c'est par l'étude réfléchie d'une grande exploitation terri- toriale, par des calculs suivis pendant un grand nombre d'années sur la distribution des richesses renaissantes, qu'on peut se former des idées justes sur ce qui concourt à la prospérité d'un grand royaume.

« L'ouvrage d'agriculture dont je m'occupe m'a déjà coûté neuf années de soin et de travail. Mais il m'a appris de grandes vérités, que les personnes même les plus instruites n'aperçoivent que d'une manière vague. Il m'a fait concevoir l'espérance de pouvoir concourir un jour à la prospérité nationale en engageant les grands pro- priétaires de terres, les capitalistes, les gens aisés, à porter leur superflu dans la culture des terres. Un semblable placement d'argent ne présente pas, il est vrai, les brillantes spéculations de l'agio- tage ou du jeu des effets publics, mais il n'est pas accompagné des mêmes risques et des mêmes revers ; les succès qu'on obtient n'arrachent de larmes à personne ; ils sont au contraire accom- pagnés des bénédictions du pauvre. Un riche pro-

priétaire ne peut faire valoir sa ferme et l'améliorer sans répandre autour de lui l'aisance et le
bonheur; une végétation riche et abondante, une
population nombreuse, l'image de la prospérité
sont la récompense de ses soins. »

Mais je ne saurais mieux apprécier ce tome II
qu'en reproduisant ici quelques lignes éloquentes
que M. Dumas lui a consacrées le jour où il en
fit hommage à l'Académie.

« Rien n'est plus saisissant, dit-il, que de voir
se dérouler ainsi tout ce que peut accomplir un
homme de génie en vingt années pour le bien de
l'humanité et pour la splendeur de son avenir sur
la terre, lorsqu'il n'est arrêté par aucune des difficultés matérielles de la vie et de la mise en œuvre de sa pensée, avantage dont Lavoisier a joui,
et qu'il a cruellement expié.

« Quand le volume s'ouvre, en effet, on ignore
la nature de l'eau, celle de l'air, la cause de la
calcination des métaux et de la combustion du
charbon, du soufre et du phosphore. On ne sait
pas comment agissent les acides sur les corps
qu'ils peuvent dissoudre.

« Bientôt le rôle de la balance dans l'étude
des réactions étant pris comme point de départ,
on apprend que les corps que l'on brûle augmentent de poids, et que cette augmentation est due à
la fixation de l'air, ou mieux, de l'oxygène ; l'air
est analysé, l'eau décomposée et recomposée ; les
acides du charbon, du soufre et du phosphore
sont ramenés à leurs vrais éléments ; la dissolu-

tion des métaux est expliquée, les sels définis.

« La combustion devient l'objet d'une suite d'études qui en éclairent toutes les formes de la lumière la plus vive; la respiration prend place parmi elles sans efforts; et quand le volume se ferme, non seulement la chimie minérale est soumise à des lois sûres, mais la nature des matières organiques est dévoilée, les causes de la chaleur animale sont reconnues, les fermentations suffisamment comprises, la physiologie et la médecine voient de nouveaux horizons s'ouvrir, et la chimie prend place parmi les meilleurs guides de l'agriculture. »

III

C'est une chose digne de remarque : Lavoisier n'a découvert aucun corps simple, aucune combinaison nouvelle. Les phénomènes qu'il a étudiés étaient connus de ses devanciers. Les arts ne lui doivent directement aucune application. Nulle voix cependant ne s'élèvera jamais pour lui refuser le premier rang parmi les chimistes les plus célèbres de tous les temps et de tous les pays. C'est que le nom de Lavoisier restera éternellement attaché à la connaissance exacte de ce qui intéresse le plus l'économie de l'univers. Le feu et l'eau, l'air et la terre, ces quatre sources de la vie, ces principes de toutes choses selon la croyance antique, personne n'en a mieux compris et expliqué la nature que Lavoisier. Porter la lumière sur de tels objets, c'était la répandre sur tous les autres. Aussi Lavoisier se trouva-t-il naturellement le premier législateur de la chimie.

A la clarté de ses principes, tous les faits chimiques, lentement accumulés depuis des siècles par la recherche du grand œuvre et par l'industrie de l'homme, se classèrent sans efforts et montrèrent les liens qui les unissent.

En découvrant les premières lois générales de la chimie, Lavoisier créa en outre la véritable méthode expérimentale propre à cette science, et dont elle ne s'est plus départie.

IV

J'ai lu quelque part qu'à l'époque de Lavoisier les chimistes français, s'étant mis d'accord pour changer tous les termes techniques, tous les noms désignant les combinaisons et les décompositions chimiques, avaient imaginé une nomenclature nouvelle qui s'était imposée aux savants de tous les pays, parce qu'elle était l'expression d'un système nouveau et complet; que l'on s'expliquait ainsi l'abîme qui semble exister entre la science actuelle et l'ancienne chimie; que les noms nouveaux et les nouvelles théories rompirent les liens du passé et de toutes les observations partielles faites jusqu'au temps de Lavoisier dans les

autres pays de l'Europe, et que c'était ainsi que
beaucoup de gens ne voyaient dans nos connaissances actuelles que l'héritage légué exclusivement par l'école française d'alors, s'imaginant que
l'histoire de la chimie ne va pas au delà.

Cette dernière opinion est assurément bien
erronée; mais, à mes yeux, il serait encore plus
contraire à la vérité de croire que la réforme de
la nomenclature chimique a contribué directement à faire de Lavoisier le rénovateur de la
chimie. Ses mémoires, seul fondement de sa gloire,
ont été écrits pour la plupart bien avant cette
réforme, et par suite dans la langue chimique qui
était au service de tous. Ce sont ces mémoires
qui ont creusé l'abîme qui existe réellement entre
la science actuelle et l'ancienne chimie.

On ne serait pas moins éloigné de la vérité
et de la justice en laissant croire que la révolution
qui s'accomplit alors fut une œuvre collective, et
que Lavoisier n'a été que le plus célèbre d'une
école de chimistes français dont les travaux auraient été plus ou moins en contradiction avec les
doctrines du passé. Ces insinuations, Lavoisier les
a connues, car l'envie ne l'a pas épargné, malgré
la modération de ses sentiments et l'impartialité
dont il fit toujours preuve comme historien des
travaux d'autrui. Après la réforme de la nomenclature, œuvre commune de Guyton-Morveau, Berthollet, Lavoisier et Fourcroy, divers auteurs la
prirent volontiers pour point de départ des idées
nouvelles, et parlaient notamment de la théorie

de la combustion comme de la théorie de l'école française. Lavoisier, que les uns avaient combattu, que les autres n'avaient point compris pendant quinze années, voyant qu'on cherchait à le dépouiller au moment du triomphe de ses idées, s'en explique un jour dans ces termes : « Cette théorie n'est pas, comme je l'entends dire, la théorie des chimistes français, elle est la mienne, et c'est une propriété que je réclame auprès de mes contemporains et de la postérité. »

Non. Ni la réforme de la nomenclature chimique, ni les travaux des chimistes contemporains de Lavoisier n'eurent, au début, la moindre part aux doctrines nouvelles. Le premier, et seul pendant longtemps, Lavoisier a rompu les liens avec le passé ; puis sont venus ses imitateurs et ses disciples.

Quant au secret de sa supériorité, je le placerais volontiers dans la supériorité de sa méthode. C'est par elle surtout qu'il doit être, ce me semble, considéré à juste titre comme le fondateur de la chimie moderne, dont cette méthode est l'âme, aujourd'hui encore comme il y a soixante ans.

On en aura facilement la preuve en passant de la lecture d'un mémoire de Lavoisier à celle d'un mémoire de Berzélius ou de M. Liebig, de Gay-Lussac ou de M. Chevreul. Si l'on ne considère que l'art d'interroger la nature par l'expérience, le lien logique des pensées, la clarté des termes, l'absence de tout esprit de système, le

choix et la précision des instruments, c'est, à peu
de différence près, la même science et la même
langue. Comparez ensuite à ces travaux telle œuvre des contemporains de Lavoisier, en choisis-
sant parmi ces derniers ceux-là mêmes qui ont
jeté le plus d'éclat : l'invention vous paraîtra, dans
Scheele et dans Priestley, égale ou supérieure ;
mais il vous sera impossible de reconnaître ces
hommes de génie pour les maîtres immédiats des
chimistes modernes. Non seulement on ne retrouve pas dans leurs écrits les principes et la
méthode d'aujourd'hui, ils n'ont point de méthode.
Priestley la dédaigne. Il se félicite de devoir toutes ses découvertes au hasard, et de se conduire
d'après l'inspiration du moment. Aussi le vrai et
le faux se mêlent sans cesse dans ses ouvrages,
Scheele serait un guide plus sûr, mais il est absolument insuffisant. Il n'a connu de la matière que
ce qui se voit, non ce qui se mesure.

Scheele et Priestley sont des inventeurs. Lavoisier est plus que cela. Otez à Scheele et à
Priestley l'esprit d'invention, ce ne sont plus que
des hommes ordinaires. Lavoisier, diminué de ce
même esprit qu'il avait également au degré le
plus éminent, reste un homme supérieur, écono-
miste, administrateur consommé, écrivain du plus
rare mérite, penseur profond. Lavoisier fut un
inventeur philosophe.

Scheele et Priestley ne possédaient que l'art
d'observer. L'art d'observer et l'art d'expérimenter
sont bien distincts. Dans le premier cas, peu im-

porte que le fait vienne de la logique ou soit donné par la fortune, pourvu qu'on ait la faculté de voir le vrai et de la pénétration, on en tire profit. Mais l'art d'expérimenter, conduisant du premier anneau de la chaîne au dernier, sans lacune et sans hésitation, faisant successivement usage du raisonnement qui pose l'alternative et de l'expérience qui la décide, jusqu'à ce que, parti de la plus faible lueur, on arrive à la plus splendide clarté, cet art, Lavoisier l'a possédé au plus haut degré.

V

Je voudrais essayer de marquer ici les traits principaux de la méthode de Lavoisier.

Mais, auparavant, qu'on se figure un jeune homme, beau, riche, de la plus grande distinction de manières, entouré des conseils d'hommes intelligents qui pressentent son brillant avenir, nourri de fortes études littéraires, étudiant avec succès les mathématiques et l'astronomie auprès de l'abbé Lacaille, recevant des leçons de botanique de Jussieu, suivant les cours de chimie de Rouelle, associé aux travaux géologiques de Guettard et illuminé par une noble ambition. « J'étais jeune, dit-il quelque part; j'étais nouvellement entré dans la carrière des sciences. J'étais avide de gloire. » C'est sous de tels auspices, c'est avec cette variété de connaissances exactes que le jeune Lavoisier se prépare à marcher sur les traces des hommes de génie.

Quant à la netteté d'intelligence et à la vivacité de conception dont il est doué, qu'on en juge par ce qu'il écrivait, comme d'inspiration, à l'âge de vingt et un ans. On lit dans son journal d'expériences, à la date du 24 novembre 1764 : « Il est certain que le plâtre vu au microscope change de figure étant calciné... Il me vient une idée, c'est que ce plâtre calciné reprend son eau de cristallisation lorsqu'on le gâche et se rencontre sous une forme cristalline. Je le présume : 1° parce que j'ai entrevu quelque chose au microscope; 2° parce que les plâtres contiennent des cristaux réguliers de plâtre, principalement ceux qui ont été exposés à l'air. »

Et le mémoire sur le gypse, préparé à cette date et à cet âge du jeune chimiste, démontre ingénieusement tous ces faits et beaucoup d'autres non moins exacts, qu'il expose déjà dans ce langage si clair, avec cette exquise précision des termes, que personne dans les sciences n'a jamais surpassés, ni peut-être égalés.

Son ardeur ne connaissait ni les obstacles, ni le repos. L'Académie avait proposé, en 1764, un prix extraordinaire pour le meilleur mode d'éclairage d'une grande ville pendant la nuit. Lavoisier veut concourir, et il se livre aussitôt à des expériences variées. Mais il s'aperçoit que sa vue manque de la délicatesse nécessaire pour apprécier les intensités relatives des diverses flammes qu'il doit comparer. Il fait tendre alors une chambre de noir et s'y enferme pendant six semaines dans une obscurité parfaite. Au bout de ce temps sa vue avait acquis une sensibilité extrême, et les moindres différences ne lui échappaient plus.

Tel était le dévouement à la science du jeune Lavoisier à l'âge de vingt-deux ans. Ai-je besoin d'ajouter que son travail fut couronné? L'Académie lui décerna une médaille d'or dans sa séance publique du 9 avril 1766 et ordonna la publication de son mémoire, qu'on lit encore avec le plus vif intérêt.

L'Académie des sciences ne pouvait tarder à l'appeler dans son sein. Il y entra en 1768, âgé de vingt-cinq ans.

VI

Le trait le plus caractéristique de l'œuvre de Lavoisier, c'est, à mon sens et si je puis m'exprimer ainsi, d'avoir introduit dans la chimie l'esprit de la physique. La physique est essentiellement, comme l'astronomie, une science de mesures précises. Les corps augmentent de volume lorsqu'on les échauffe. A quoi bon la connaissance de ce fait, quel parti en tireront les arts, si l'on ne soumet ce phénomène physique à des mesures rigoureuses propres à déterminer la valeur de cette augmentation de volume pour les divers corps et pour les divers degrés de température ? Au contraire, je calcine de la pierre calcaire et j'en retire de la chaux vive, corps essentiellement différent de la pierre calcaire par ses propriétés. Si je ne cherche, en inventeur désintéressé, que la nouveauté des résultats, mon esprit est satisfait. Il ne l'est pas moins si j'ai le désir de faire sortir de mes études quelque sujet d'applications nouvelles. A ce double point de vue, la découverte de la chaux vive, douée de propriétés si remarquables, est un grand progrès chimique; et il m'importe assez peu de savoir de combien la chaux vive pèse moins que la pierre calcaire qui l'a fournie, ou le nombre d'unités de chaleur dépensées pour opérer la décomposition.

Jusqu'au temps de Lavoisier, la chimie s'inquiétait fort peu, en effet, de la mesure des phénomènes. Dominée par des préjugés, enhardie par ses succès, elle cherchait des corps nouveaux, des propriétés inconnues et magiques; elle croyait à des élixirs de longue vie et à la transmutation des métaux vils en métaux précieux. Et le domaine de la nature matérielle est si vaste qu'elle aurait pu satisfaire peut-être encore pendant des siècles la curiosité de ses adeptes, sans allier jamais sa méthode à celle des physiciens et sans pouvoir découvrir les rapports nécessaires des phénomènes dont elle s'occupait.

Personne n'a fait plus de découvertes originales en chimie que Priestley, particulièrement dans l'étude des gaz, de ces fluides élastiques si sensibles aux changements de la pression ou de la température. Or, Priestley ne se sert jamais du baromètre ni du thermomètre, instruments qui lui étaient bien connus et qui seuls pouvaient évaluer la pression et la température. De nos jours encore on trouve des Priestley qui ne savent pas ce que c'est qu'une pesée exacte. La science ne resterait pas stationnaire entre de telles mains, mais sa marche serait incertaine et lente.

La méthode de Lavoisier, au contraire, a permis à tout esprit juste de faire des découvertes en chimie. En apprenant aux chimistes l'usage de la balance, du thermomètre, du baromètre et du calorimètre, en portant leur attention sur les propriétés de la matière que l'on peut soumettre à des déterminations numériques exactes, Lavoisier leur a ouvert des routes inconnues qui conduisent sûrement à la vérité. Il leur a donné un sens nouveau; il a ajouté à l'œil du chimiste, à ce faible organe qui ne voit que la surface des choses, l'instrument du physicien qui en scrute le fond. Depuis lors on n'a rien trouvé de mieux comme méthode, et voilà pourquoi Lavoisier a été le rénovateur de la chimie.

En même temps que Lavoisier faisait entrer la précision des instruments du physicien dans le laboratoire du chimiste, la rectitude de son jugement y portait des idées justes sur la constitution de la matière, sur la nature des corps qui devaient être réputés simples. C'était seulement à cette condition que la notion de poids et l'usage de la balance pouvaient conduire à de grands résultats. On trouverait même, avant Lavoisier, quelques mesures de précision dans l'étude des phénomènes chimiques; mais outre que le nombre en est si restreint que l'on compterait, par exemple, les pesées exactes qui ont été faites avant lui, il est essentiel de remarquer que les idées de Lavoisier sur la nature des corps l'avaient mis en possession d'un principe nouveau et fécond, dont on retrouve l'application dans presque tous ses mémoires, à savoir que les phénomènes chimiques peuvent se représenter par des équations.

C'est là un autre trait caractéristique de sa méthode.

On connaît ces belles paroles : « Rien ne se crée, ni dans les opérations de l'art, ni dans celles de la nature, et l'on peut poser en principe que dans toute opération il y a une égale quantité de matière avant et après l'opération; que la qualité et la quantité des principes sont les mêmes, et qu'il n'y a que des changements et des modifications. C'est sur ce principe qu'est fondé tout l'art de faire des expériences en chimie. On est obligé de supposer dans toutes une véritable égalité ou équation entre les principes du corps qu'on examine et ceux qu'on en retire par l'analyse. »

Rien ne se perd, rien ne se crée : admirable principe que le génie divinateur de Lavoisier appliquait déjà à la chaleur, et qui, étendu aujourd'hui à toutes les manifestations de la force dans la nature, ouvre depuis quelques années aux sciences physiques et physiologiques des horizons sans bornes. Comparez maintenant, s'il est possible, la lumière de ces principes à l'obscurité des archées de Van Helmont ou du phlogistique de Stahl, et vous comprendrez jusqu'à quel degré Lavoisier a rompu avec le passé et mérite d'être proclamé le fondateur de la chimie moderne.

VII

Qu'il me soit permis de dire, en terminant cette étude, trop longue déjà pour le lecteur, trop courte et bien insuffisante à mon gré pour la grandeur du sujet, le double intérêt d'utilité et de convenance morale qu'il faut attacher à la réimpression des œuvres scientifiques des hommes de génie. La condition des lettres et des sciences est bien différente. Les chefs-d'œuvre de la littérature ont un caractère de beauté absolue qui est le principe tout à la fois de leur immortalité et de leur éternelle jeunesse. Si les grands écrivains de l'antiquité pouvaient renaître un moment, ils seraient charmés de voir que rien dans leurs œuvres n'a vieilli, et qu'après les mille vicissitudes par lesquelles l'humanité a passé depuis qu'ils ont cessé de vivre, le temps n'a fait qu'accroître le nombre de leurs admirateurs. Le sort des grands hommes dans la science est bien différent.

Newton lui-même serait ébloui au récit des connaissances scientifiques de nos enfants.

C'est que le propre des découvertes scientifiques est de se surpasser les unes les autres. Le champ de la science est inépuisable. Plus il est remué, plus grands sont les trésors qu'il offre à nos regards. Que de connaissances chimiques et physiques accumulées depuis Lavoisier qu'il ne soupçonnait pas! Aussi n'y aurait-il plus aucune utilité pratique à aller s'instruire des lois de la physique et de la chimie dans les ouvrages qu'il nous a laissés, et vraisemblablement ces belles pages qui devaient être recueillies par le respect de ses successeurs et publiées par l'État, en réparation d'un grand crime, la spéculation privée ne les eût jamais réunies.

Cependant l'œuvre de Lavoisier, comme celle de Newton et des rares génies qu'il est permis de leur comparer, restera toujours jeune. Certains détails pourront vieillir, comme des formes et des modes d'un autre temps; mais le fond, la méthode constituent un de ces grands aspects de l'esprit humain dont les années augmentent encore la majesté. C'est dans ces modèles achevés qu'il faut contempler, pour la comprendre, la marche de la pensée déchirant les voiles de l'inconnu.

C'est par la lecture des travaux des inventeurs que la flamme sacrée de l'invention s'allume et s'entretient; et c'est ainsi qu'il importe à la gloire d'un grand souverain et au bien d'un grand pays que l'œuvre du génie soit offerte sans cesse comme modèle à la postérité.

C'est sans doute l'un des plus puissants motifs

qui ont déterminé M. Dumas à poursuivre la réalisation de l'entreprise à laquelle il s'est dévoué. Elle lui a coûté déjà bien des veilles, mais je ne crains pas de dire qu'elle a dû lui procurer bien des joies. Combien de fois son noble cœur a dû battre à l'unisson avec celui de Lavoisier! Combien de fois sa haute intelligence a dû se trouver en conformité de pensées et d'aspirations avec celle du maître vénéré! Car je suis bien sûr d'exprimer ici le sentiment commun de tous les chimistes de l'Europe, en affirmant que personne mieux que M. Dumas n'a compris la beauté et la profondeur des travaux de Lavoisier, et que nul n'a continué son œuvre en se tenant plus près du modèle par l'ensemble des vues et par l'éclat des découvertes. Il m'est bien doux de pouvoir confondre ici dans le même hommage public le sentiment de mon admiration pour son caractère et son talent, avec la reconnaissance des chimistes envers l'œuvre de réparation à la mémoire de Lavoisier, dont il a pris la généreuse initiative au nom de tous.

LETTRE

DE SAINTE-BEUVE A PASTEUR

sur la candidature de Robin à l'Académie des sciences

(20 novembre 1865)

ce lundi,

Cher Monsieur,

M^E *permettez-vous d'être indiscret et de venir vous solliciter en faveur de M. Robin, dont je sais que vous appréciez les travaux ?*

Peut-être M. Robin n'est-il pas de la même école philosophique que vous ; mais il me semble, — autant que je puis juger de ces choses étrangères, — qu'il est de la même école scientifique, expérimentale. S'il différait essentiellement par un autre côté, — un côté métaphysique ou non métaphysique, — ne serait-il pas bien et beau à un vrai savant de ne tenir compte que des travaux positifs ? Rien de plus, rien de moins.

Pardonnez-moi : j'ai tant souffert de l'injustice où j'ai vu certains organes de la presse à votre égard, que je me suis demandé quelquefois s'il n'y avait pas un moyen tout simple de réfuter ces sottises, de faire tomber dans l'eau tous ces sots et méchants propos. Vous êtes seul juge ; mais si M. Robin mérite d'être de l'Académie des sciences, pourquoi n'en serait-il point par vous ? — C'est comme quand Littré s'est présenté à l'Académie française, ceux qui l'en ont cru digne ont eu tort, je le crois, de ne pas lui donner la main. Les sciences ont droit, ce me semble, d'être en de tels cas, encore plus indépendantes que les lettres. La science ne voit que la science.

Mon sentiment de gratitude envers vous, pour ces bonnes quatre années, où vous m'avez fait l'honneur de me donner un auditeur tel que vous, mon sentiment d'amitié, j'ose dire, m'emporte un peu loin ! Je voulais l'autre jour vous dire quelque chose de cela chez la Princesse : elle m'y avait presque autorisé et engagé. Je suis plus hardi aujourd'hui la plume à la main.

Encore une fois, cher Monsieur, que je m'enorgueillis de pouvoir appeler savant confrère, excusez-moi et croyez à tous mes sentiments de la plus haute estime et de dévouement.

RÉPONSE

DE PASTEUR A SAINTE-BEUVE

(22 novembre 1865)

Monsieur et illustre Confrère,

J'ai *la plus grande inclination pour M. Robin parce qu'il représenterait à l'Académie un élément scientifique nouveau, le microscope appliqué à l'étude de l'organisme chez l'homme. Je ne m'inquiète pas de son école philosophique, sinon pour le mal qu'elle peut faire à ses travaux, parce que, s'il s'agit d'un savant qui doit être sans cesse aux prises avec la méthode expérimentale, je crains bien, s'il se pique de philosophie, que cela veuille dire simplement qu'il est homme à système, à idées préconçues et fixes. Je vous avoue bien franchement toutefois que je ne me sens point du tout en mesure d'avoir une opinion sur nos écoles philosophiques. De M. Comte, je n'ai lu que quelques passages absurdes, de M. Littré je ne connais que les belles pages que son rare savoir et quelques-unes de ses vertus domestiques vous ont inspirées. Ma philosophie est toute du cœur et point de l'esprit, et je m'abandonne, par exemple, à celle qu'inspirent ces sentiments si naturellement éternels que l'on éprouve au chevet de l'enfant que l'on a chéri et dont on voit s'échapper le dernier souffle. A ce moment suprême, il y a quelque chose au fond de l'âme qui nous dit que le monde pourrait bien ne pas être un pur ensemble de phénomènes propres à un équilibre mécanique sorti du chaos des éléments par le simple effet du jeu graduel des forces de la matière. Je les admire tous, nos grands philosophes ! Nous avons, nous autres, l'expérience qui redresse et modifie sans cesse nos idées, et nous voyons constamment, pour ainsi dire, que la nature, dans la moindre de ses manifestations, est autrement faite que nous ne l'avions pressenti. Et eux qui devinent toujours, placés qu'ils sont derrière ce voile épais du commencement et de la fin de toutes choses, comment donc font-ils pour savoir ?*

Mais pardonnez-moi de divaguer ainsi et de revenir à l'objet principal de votre aimable lettre où vous avez réuni toutes les séductions. Ce qui me porte beaucoup vers M. Robin, c'est qu'il a plus de notoriété que son compétiteur, et qu'il compte pour patron, m'a-t-on dit, un confrère que j'admire autant que je l'aime, M. Claude Bernard. Je ne veux pas m'arrêter à l'idée d'un autre patronage traîtreusement indiqué *dans votre lettre, parce que ma philosophie, qui est toute de sentiment, pourrait bien défaillir.*

Cependant je dois à M. Lacaze-Duthiers, dont j'ai été le collègue à Lille, qui a un vrai mérite, que j'ai demandé à l'École normale en remplacement de M. Valenciennes, d'attendre la discussion sur les travaux et de m'éclairer encore sur la solidité des titres à la notoriété de Robin.

Veuillez agréer, Monsieur et cher Maître et très illustre Confrère, l'hommage de mon profond respect et de mon dévouement.

LETTRE

A VICTOR DURUY

après la mort de Cécile Pasteur

(13 juin 1866)

Monsieur le Ministre,

Je m'empresse de vous remercier de votre bienveillant souvenir. Mes études ont été associées à bien des peines! Peut-être votre charmante enfant, qui a été quelquefois jouer chez M. Le Verrier, vous a-t-elle dit qu'au nombre des petites filles de son âge réunies à l'Observatoire, se trouvait Cécile Pasteur. Ma chère enfant venait avec sa mère passer auprès de moi, à Alais, les vacances de Pâques, lorsque, dans une halte de quelques jours, à Chambéry, elle fut prise d'une fièvre typhoïde qui l'a emportée après deux mois de la plus pénible maladie durant laquelle je n'ai pu l'assister que quelques jours, retenu que j'étais ici par mon travail et plein d'espoir trompeur sur l'heureuse issue de ce mal affreux.

Me voici remis tout entier à mes études, seule distraction à de si grandes douleurs.

Grâce aux facilités que vous m'avez accordées, j'ai pu réunir une multitude d'observations expérimentales et je crois comprendre assez bien aujourd'hui sur plusieurs points cette maladie qui ruine tant ces contrées du Midi depuis quinze ou vingt ans. Je serai en mesure, à mon retour, de proposer à la commission de sériciculture un moyen pratique de lutter contre le mal et de le faire disparaitre en peu d'années.

J'arrive à ce résultat qu'il n'y a pas de maladie actuelle du ver à soie. Il n'y a qu'une exagération d'un état de choses qui a toujours existé et l'on peut revenir sans difficultés, selon moi, à la situation d'autrefois, renchérir même sur elle. On cherchait à constater le mal et à suivre ses progrès dans le ver et dans la graine. C'était quelque chose. Mais mes observations montrent qu'il se développe principalement dans la chrysalide, et mieux encore dans la chrysalide âgée, c'est-à-dire au moment de la formation du papillon, à la veille de la fonction de reproduction. Le microscope accuse alors avec certitude sa présence, quand bien même la graine et le ver paraissent très sains. Le résultat pratique est le suivant : vous avez une chambrée. Elle a bien ou mal, ou médiocrement réussi. Vous voulez savoir s'il faut étouffer les cocons et les livrer à la filature ou les conserver à la reproduction ? Rien de plus simple. Par une élévation de température de quelques degrés vous hâtez la sortie d'une centaine de papillons que vous examinez au microscope, lequel dira ce qu'il faut faire.

Et le caractère est si facile à constater qu'une femme, un enfant même peut s'en charger. Le grainage s'accomplit-il chez le paysan qui n'a pas la facilité de cette étude au moment même? Au lieu de jeter les papillons après l'accouplement et la ponte des œufs, il mettra un grand nombre de ces papillons, tout venant, dans une bouteille, à moitié pleine d'eau-de-vie, et il les enverra à un bureau d'essai, ou à une personne expérimentée, et l'on aura ainsi toute l'année, si l'on veut, pour déterminer la valeur des graines qui devront être mises en éducation au printemps suivant. Pourtant, je me hâte d'ajouter que j'anticipe un peu sur l'avenir. Mes observations me conduisent bien à ces résultats pratiques, mais quand la lumière commence à se faire pour le savant, il n'a pas encore réuni, le plus souvent, l'ensemble de preuves qui peuvent porter la conviction chez les autres. Il y a toujours, au début, un peu d'intuition dans ses vues. Or, il ne faut pas oublier que l'on rencontre ici la grande difficulté de toutes les recherches agricoles. La matière première est excessivement changeante. Ce qui a été vu et étudié aujourd'hui, on n'est pas libre de le revoir demain. Il faudra le plus souvent attendre une année pour mettre à l'épreuve telle ou telle idée préconçue. Je me vois donc contraint de renvoyer à l'an prochain l'accumulation de preuves expérimentales qui confirmeront définitivement ma manière de voir. Je serais si pressé de les recueillir, ces preuves, et de pouvoir informer les intéressés avec le caractère de certitude qui convient à la science, lorsqu'elle s'adresse à des intérêts si immédiats, que, malgré ma fatigue, je serais tenté quelquefois de vous demander l'autorisation de rester encore ici deux mois, et d'appliquer ces idées aux grainages des trivoltins, c'est-à-dire de ces papillons dont les œufs éclosent au bout de quinze jours et qui permettent une nouvelle éducation après l'éducation annuelle. Qu'en pense Votre Excellence? M. Nisard, il est vrai, m'attend avec impatience afin de pouvoir aller passer quelques jours auprès de sa famille réunie à Bruxelles. Peut-être pourrait-il le faire au retour de M. Jacquinet. Toutefois, je ne fais ces ouvertures à Votre Excellence que pour le cas où elle serait plus pressée que moi-même de me voir mener à meilleure fin le travail auquel je me suis consacré.

Veuillez agréer, Monsieur le Ministre, l'hommage de mon respect profond et de mon entier dévouement.

LES LABORATOIRES

article rédigé pour le *Moniteur*

et publié dans la *Revue des Cours scientifiques*

(janvier 1868)

Mon laboratoire était très exigu et j'avais de grands projets de travaux, pour lesquels il me fallait de la lumière, de l'air et de l'espace. Comment obtenir ces puissants auxiliaires du travail de la pensée? Pour m'aider dans la négociation que j'allais tenter auprès du Ministre de l'Instruction publique, je résolus de dire publiquement la vérité sur nos misères et d'en faire en quelque sorte le commentaire de mes démarches.

C'est ainsi que mon article prit naissance, mais il eut une étrange destinée. Le *bon à tirer* des épreuves du *Moniteur* était donné au Ministère d'État par une personne dont le nom m'échappe en ce moment et qui trouva mes plaintes compromettantes pour l'Administration. Elle me demanda, en conséquence, des changements nombreux, qui malheureusement auraient altéré le caractère de mon article. Je refusai et je revins au *Moniteur* informer le directeur-gérant, M. Dalloz, qui me suggéra l'idée de faire passer ma note sous les yeux de M. Conti, secrétaire de l'Empereur. Le lendemain de l'entrevue que j'eus avec M. Conti, il m'écrivit que l'Empereur désirait que mon article fût publié. M. Duruy me confia en outre que l'Empereur s'était montré surpris et ému des tristes révélations de cet article.

I

UNE vérité incontestable, et, Dieu merci, in-
contestée, c'est l'impuissance de l'esprit de
système à rien édifier de durable dans
l'ordre des sciences physiques et naturelles. « C'est
par des expériences fines, raisonnées et suivies
que l'on force la nature à découvrir son secret.
Toutes les autres méthodes n'ont jamais réussi. »

Que le physicien et le chimiste s'éloignent de
leurs laboratoires, que le naturaliste délaisse ses
collections et les voyages, sur-le-champ ils deviennent incapables de la moindre découverte.

Les conceptions les plus hardies, les spéculations les plus légitimes, ne prennent un corps et
une âme que le jour où elles sont consacrées par
l'observation et l'expérience. Laboratoires et découvertes sont des termes corrélatifs. Supprimez
les laboratoires, les sciences physiques devien-
dront l'image de la stérilité et de la mort. Elles
ne seront plus que des sciences d'enseignement,

limitées et impuissantes, et non des sciences de progrès et d'avenir. Rendez-leur les laboratoires, et avec eux reparaîtra la vie, sa fécondité et sa puissance.

Hors de leurs laboratoires, le physicien et le chimiste sont des soldats sans armes sur le champ de bataille.

La déduction de ces principes est évidente : si les conquêtes utiles à l'humanité touchent votre cœur, si vous restez confondu devant les effets surprenants de la télégraphie électrique, du daguerréotype, de l'anesthésie et de tant d'autres découvertes admirables; si vous êtes jaloux de la part que votre pays peut revendiquer dans l'épanouissement de ces merveilles, prenez intérêt, je vous en conjure, à ces demeures sacrées que l'on désigne du nom expressif de *laboratoires*. Demandez qu'on les multiplie et qu'on les orne : ce sont les temples de l'avenir, de la richesse et du bien-être. C'est là que l'humanité grandit, se fortifie et devient meilleure. Elle y apprend à lire dans les œuvres de la nature, œuvres de progrès et d'harmonie universelle, tandis que ses œuvres à elle sont trop souvent celles de la barbarie, du fanatisme et de la destruction.

II

Il est des peuples sur lesquels a passé le souffle salutaire de ces vérités. Depuis trente ans l'Allemagne s'est couverte de vastes et riches laboratoires, et chaque jour en voit naître de nouveaux. Berlin et Bonn achèvent la construction de deux palais d'une valeur de 4 millions, destinés l'un et l'autre aux études chimiques. Saint-Pétersbourg a consacré 3 millions à un Institut physiologique. L'Angleterre, l'Amérique, l'Autriche et la Bavière ont fait les plus généreux sacrifices. Sous le ministère de M. Matteucci, l'Italie a marché un instant dans cette voie.

Et la France?

La France n'est pas encore à l'œuvre. La vigilance lui a fait défaut. Elle a dormi à l'ombre de ses vieux trophées. Mais elle commence à s'apercevoir qu'il s'agit ici d'un grand intérêt national, et que les lauriers de la science doivent toujours reverdir. L'Empereur lui a donné l'exemple. A l'instar de Colbert, il a des espions pour le mérite. Pas une découverte scientifique de ces quinze dernières années qui lui ait été étrangère; pas une qu'il n'ait non seulement connue, mais étudiée, récompensée et souvent provoquée.

Cette auguste sollicitude va porter ses fruits. On parle de la préparation d'un *budget de la Science*. Les plaintes des savants sont écoutées; un ministre ardent au bien les accueille, il en est l'interprète convaincu; le succès ne saurait être douteux (1).

---

(1) Le Ministre de l'Instruction publique, il faut le dire à sa louange, est si bien convaincu de la nécessité de contribuer aujourd'hui aux progrès des sciences dans notre pays, par les laboratoires.

C'est peut-être le moment de faire connaître publiquement nos souffrances et nos misères. Lorsque le malade va guérir, il n'y a aucun péril à lui parler de l'étendue du danger qu'il a couru. Il puise au contraire dans le récit de ses douleurs une ardeur et des forces nouvelles.

III

Il y a quelques jours, deux membres de l'Académie des sciences s'entretenaient d'un de nos premiers chimistes présentement retenu dans son lit par une fluxion de poitrine. « Que voulez-vous, répondit l'un d'eux, les laboratoires sont les tombeaux des savants. » Celui qui parlait ainsi est M. Claude Bernard, le physiologiste illustre que l'Europe nous envie, et qui relève à peine et comme par miracle d'une longue maladie dont il a puisé le germe, lui aussi, dans son laboratoire.

Mais quel est donc l'établissement où les laboratoires sont à ce degré malsains, humides, obscurs, mal aérés? C'est le premier établissement d'instruction supérieure de la France, celui qui porte le nom de la patrie, comme s'il voulait

qu'il vient de créer à la Sorbonne, sous l'habile direction de M. Jamin, un laboratoire de physique dont les frais d'installation et d'entretien — c'est là qu'est la marque de la foi du ministre — ont été prélevés sur les ressources ordinaires du budget de son ministère.

résumer en lui seul toute sa gloire scientifique et littéraire : c'est le Collège de France (1) !

Vous jugez de ce que doit être la demeure des animaux destinés aux expériences physiologiques. M. Claude Bernard disait un jour que souvent il ignorait si ces pauvres bêtes avaient succombé aux épreuves de l'expérimentation ou aux conditions détestables des locaux qui les reçoivent.

La Sorbonne est mieux installée peut-être ? Hélas ! le dernier laboratoire de chimie que l'on y ait construit est une pièce humide et sombre de plus d'un mètre en contre-bas de la rue Saint-Jacques. Cela s'appelle, ô dérision ! *le laboratoire de perfectionnement et des recherches.* Le jeune savant plein de mérite qui y travaille habituellement, et qui est un des professeurs les plus distingués de Paris, souffre d'un asthme. Où en a-t-il pris le germe ? Je ne veux pas rendre les laboratoires de Paris responsables de toutes les maladies qui peuvent venir frapper ceux qui les habitent ; mais vous estimerez que c'est le cœur serré que des questions comme celle qui précède peuvent être posées, surtout quand des hommes sincères n'hésitent pas à y répondre dans le sens que je laisse apercevoir.

Ai-je besoin d'ajouter que les Facultés de

(1) Quelques changements utiles, mais bien insuffisants, ont été faits récemment aux laboratoires de physiologie et de chimie du Collège de France.

province sont tout aussi déshéritées que celles de Paris? Lyon vient de faire quelques dépenses; mais ce n'est un secret pour personne, dans le monde savant, que la vie de M. Bineau, chimiste d'un vrai talent, a été abrégée dans le laboratoire de la Faculté de cette ville, lequel était une véritable cave.

Le recteur de l'Académie de Bordeaux se plaignait naguère amèrement et publiquement de l'état misérable des locaux affectés à la Faculté des sciences de cette riche cité, qui ne possède même pas de laboratoire.

IV

Parmi les établissements qui relèvent du ministère de l'Instruction publique on n'en compterait que deux ou trois dont les laboratoires méritent ce nom. Je citerai l'École normale supérieure. Encore a-t-il fallu l'appui assez direct de l'Empereur. Mais aussi, aux heures de travail, et ces heures-là sont toutes les heures du jour, c'est plaisir à voir la vaste salle qui forme aujourd'hui le principal laboratoire de cette école. C'est là que le maître aimé de toute une colonie de travailleurs éminents, M. Henri Sainte-Claire Deville, accomplit ses travaux célèbres, l'honneur de la chimie minérale. C'est là que MM. Debray, Troost, Grandeau, Caron, Hautefeuille, Lechartier, Lamy, Gernez, Mascart et bien d'autres ont trouvé l'asile que la pénurie des ressources de la science dans notre pays leur refuse ailleurs.

Quant à la chimie organique, elle attend encore des laboratoires dignes de ses immenses progrès, dignes surtout des trois hommes qui ont marché si brillamment dans les voies ouvertes par leurs maîtres illustres, les Chevreul, les Dumas, les Balard, les Pelouze : j'ai nommé MM. Wurtz, Berthelot et Cahours.

Les laboratoires, disais-je, sont l'image de la vie et de la fécondité. Si vous voulez vous pénétrer de cette vérité, rendez-vous à la Faculté de médecine de Paris. Les grandes découvertes chimiques de M. Wurtz y attirent de tous les pays du monde civilisé de jeunes hommes de talent dont les noms vous diront les nationalités diverses : MM. Beilstein, Boutlerow, Oppenheim, Lieben, Bauer, Lourenço, Crafts, Simpson, Atkison...

J'en pourrais prolonger la liste, et j'ajoute que je ne nomme que ceux dont la science honore déjà quelques productions très distinguées. La France y est représentée par MM. Friedel, Perrot, de Clermont, Caventou, Wilm, Gauthier..., dont les travaux estimés ont déjà maintes fois appelé l'attention de l'Académie des sciences.

V

Oserai-je parler des ressources pécuniaires et matérielles des laboratoires français ? Qui voudra me croire quand j'affirmerai qu'il n'y a pas, au budget de l'Instruction publique, un denier affecté aux progrès des sciences physiques par les laboratoires; que c'est grâce à une fiction et à une tolérance administrative que les savants, envisagés comme professeurs, peuvent prélever sur le trésor public quelques-unes des dépenses de leurs travaux personnels, au détriment des allocations destinées aux frais de leur enseignement? Aussi combien n'en nommerais-je pas parmi eux qui contribuent de leur patrimoine aux dépenses des recherches par lesquelles ils honorent leur pays! C'est dans un laboratoire construit et entretenu à ses frais que M. Dumas et ses disciples ont accompli leurs immortels travaux. Les laboratoires célèbres de MM. Foucault et Fizeau, celui de notre grand chimiste-agriculteur M. Boussingault, leur appartiennent en propre, avec tous les instruments qu'ils renferment.

N'est-ce pas en ceci qu'il faudrait proclamer que la France doit être assez riche pour payer sa gloire? Il y a des libéralités individuelles qui humilient la nation : celles-là sont du nombre.

Je termine par un autre exemple frappant de la fâcheuse organisation de notre système scientifique : les faits sont notoires et s'appliquent à un des membres de l'Académie des sciences. Depuis dix années ce savant n'a pas eu un seul jour à son service l'aide d'un garçon de laboratoire, de telle sorte qu'il n'a pas touché à un ustensile, qu'il n'a pas sali un verre sans avoir été contraint de les essuyer ensuite de ses mains. Que l'on imagine le temps matériel qu'il a dû perdre dans ces occupations de domesticité, temps qu'il aurait employé au profit de tous, en enrichissant peut-être la science et l'industrie de nouvelles découvertes! A toutes les demandes qu'il a adressées pour s'affranchir de cet office subalterne, il lui a été répondu — et c'était vrai — qu'il n'y avait pas de rubrique au budget qui pût motiver la création, au profit de ses travaux, d'un emploi de garçon de laboratoire.

<h2 style="text-align:center">VI</h2>

Le lecteur excusera, je l'espère, ces tristes confidences. Peut-être même y trouvera-t-il quelques motifs d'un orgueil légitime, lorsque, bientôt, le Ministre de l'Instruction publique, présentant à l'Empereur et au pays le tableau des progrès des sciences dans ces vingt dernières années, pourra faire néanmoins large et belle la part de la France.

Par l'étendue de ce qui a été réalisé, il mesurera ce qui aurait pu s'accomplir avec des ressources mieux appropriées au génie de la nation. Il pourra dire, comme naguère ce savant étranger au moment où il sortait d'un laboratoire de Paris : « J'honorais vos travaux; ils me paraissaient grands. Maintenant que je connais les ressources matérielles dont vous disposiez, je les admire. »

LETTRE

DE J.-B. DUMAS A PASTEUR

au moment où, mal remis encore de son attaque de paralysie,
il poursuivait, à Saint-Hippolyte-du-Fort, ses recherches
sur la maladie des vers à soie.

(février 1869)

Mon cher confrère et ami,

J*E pense beaucoup à vous. Je crains la fatigue
et voudrais vous l'épargner, tout en souhai-
tant que vous puissiez conduire jusqu'au
bout votre grande et patriotique entreprise. J'ai
hésité à vous écrire pour ne pas vous obliger à
me répondre. Cependant, je voudrais avoir de
vos nouvelles directes et, après ce point sur lequel
je désirerais tous les détails, il me serait agréa-
ble de savoir, par deux lignes, si vous pouvez
m'éclairer au sujet des deux questions suivantes :*

*1° A quelle époque revenez-vous à Alais ? A
quel moment vos éducations à Alais seront-elles
assez près du terme pour qu'il y ait intérêt à
venir vous visiter ?*

*2° Que répondre à des personnes qui me de-
mandent de la bonne graine, comme si on en avait
les mains pleines ? Peut-on en avoir quelques*

onces ? quelques grammes ? Je leur dis qu'il est trop tard. Mais si vous pouviez m'indiquer un moyen de les satisfaire, comme il s'agit du maréchal Randon et de M. Husson, par exemple, je serais heureux de pouvoir les contenter.

Le maréchal Vaillant est plein de sollicitude pour vous. Nous ne pouvons pas nous rencontrer sans que la conversation tout entière ne vous ait pour objet. De ma part, c'est naturel, de la sienne moins peut-être, mais enfin, il est occupé de vous autant qu'on puisse l'être et je lui en sais un gré infini.

Présentez, je vous prie, à Mme Pasteur les vœux et les compliments du ménage. Nous voudrions que le Midi eût la vertu de la lance d'Achille et qu'il guérît les plaies qu'il a faites. Toutes mes amitiés.

RÉPONSE

A J.-B. DUMAS

dictée par Pasteur encore paralysé

(février 1869)

Mon cher Maître,

J*E vous remercie de penser au pauvre infirme. Je suis toujours à peu près dans le même état qu'au moment où j'ai quitté Paris. Ma convalescence a été fort enrayée par une chute que j'ai faite sur mon côté gauche. Par bonheur je n'ai pas eu de fracture et seulement des contusions qui naturellement ont été fort longues à guérir et douloureuses.*

Aujourd'hui, les suites de cet accident ont tout à fait disparu et je me retrouve comme il y a trois semaines. Le progrès dans les mouvements du bras et de la jambe paraît recommencer, mais avec une lenteur excessive. Je vais ces jours-ci recourir à l'électricité sur le conseil du docteur Godélier, à l'aide d'une instruction qu'il a bien voulu m'envoyer et d'un petit appareil construit par Ruhmkorff. Quant à ma tête, elle est toujours bien faible. Voici comment se passent toutes mes journées : le matin, mes trois jeunes amis viennent me voir et je règle le travail du jour. Je me lève à midi, après avoir déjeuné dans mon lit et avoir entendu la lecture d'un journal ou dicté quelque lettre. S'il fait beau, je descends pendant une heure ou deux dans le petit jardinet de la maison que nous habitons. Ordinairement, quand je ne suis pas trop invalide, je dicte à ma chère femme une page, plus souvent une demi-page d'un petit ouvrage que je prépare et où je désire résumer l'ensemble de mes observations. Avant le dîner, que nous faisons solitairement ma femme, ma petite fille et moi, afin d'éviter la fatigue de la conversation, mes jeunes collaborateurs viennent me rendre compte de leurs études. Vers sept heures ou sept heures et demie, j'éprouve une lassitude extrême et il me semble que je vais pouvoir dormir douze heures de suite, mais vers minuit invariablement, je me réveille et ne me rendors que sur le matin pendant une heure ou deux. Ce qui me donne quelque espoir de guérison, c'est que je conserve mon appétit et que ce sommeil, malgré sa longue interruption, paraît me suffire. En résumé, vous voyez que je ne commets pas trop d'imprudences, d'ailleurs je suis rigoureusement surveillé par ma femme et ma petite fille. Cette dernière m'arrache impitoyablement livres, papiers, crayons ou plumes avec une constance qui fait mon désespoir et ma joie.

Il faut bien que je connaisse votre affection pour vos élèves pour que j'ose ainsi vous donner tous ces détails.

Je réponds maintenant aux autres questions de votre lettre :

Je serai à Alais dès le 1er avril, époque à laquelle cette année on mettra à l'incubation les graines pour la campagne industrielle qui sera terminée en conséquence vers le 20 mai au plus tard. Les grainages auront lieu dans le courant de juin, un peu plus tôt, un peu plus tard, selon les départements. Il est, en effet, bien tard pour se procurer en ce moment de la graine, surtout de la graine indigène préparée suivant mon procédé. J'avais bien pensé qu'au dernier moment je recevrais des demandes et que je devrais, pour y satisfaire, me munir à temps de quelques onces, mais voilà qu'il y a trois semaines environ, notre endiablé ministre m'a écrit pour me demander de la graine à distribuer à des instituteurs et je lui en ai promis le plus possible, mais, pour vous, je rognerai un peu sa part et je vous enverrai plusieurs lots de 5 grammes ou demi-onces. Je suis dépouillé, en outre, par un établissement bien intéressant qui vient de se fonder en Autriche, une grande magnanerie experimentale sur un beau domaine en Illyrie. Le directeur, qui me dit être convaincu de l'excellence de la méthode, me demande deux onces de graine ; enfin, j'ai promis trois onces à M. le comte de Casabianca et l'envoi en Corse *d'un de mes jeunes gens pour aller faire un grainage sur une de ses propriétés.*

Ce que vous me dites de l'intérêt que le maréchal Vaillant prend à ma situation m'a vivement touché, non moins que le soin très obligeant qu'il a pris de m'annoncer l'encouragement donné à mes études par la Société d'agriculture. Je voudrais bien que votre Midi eût quelques éducateurs ayant un peu de son esprit scientifique et de sa méthode.

Veuillez agréer, mon cher maître, de ma part et de celle de Mme Pasteur, pour vous et votre famille, l'expression de mes sentiments de reconnaissance et d'affectueux dévouement.

ARTICLE

inséré dans le *Salut public* de Lyon

(20 mars 1871)

I

DANS une nation où l'unité politique et administrative est sévèrement établie, où les mœurs publiques l'acceptent et s'y abandonnent avec une telle docilité que l'initiative individuelle n'a plus qu'une action très limitée, il est indispensable que toutes les forces vitales du pays soient en parfaite harmonie, sous peine de décadence du corps social tout entier.

Comme le mouvement d'un vaste mécanisme serait entravé par le mauvais fonctionnement d'un seul des rouages qui concourent à le produire, de même la vie de la France, où les institutions ont entre elles une si complète solidarité, peut être mise en péril par quelque grave souffrance dans une des sources de sa prospérité.

Les causes de nos malheurs sont multiples. Au premier rang, il faut placer l'existence tolérée d'une nation altière, ambitieuse et fourbe qui, depuis deux siècles, se développe *per fas et nefas,* à l'égard de tous ses voisins, sous une forme qu'on pourrait nommer *pathologique,* envahissante comme une tumeur malsaine, et qu'un publiciste allemand a flétrie de cette qualification : *le chancre prussien.*

Comme le bandit des grands chemins, elle s'est armée dans l'ombre, et, après avoir attiré dans un guet-apens sa trop confiante rivale, qui, ne lui avait rendu que de bons offices, elle s'est ruée sur elle à l'improviste pour l'égorger. Celle-ci dans un suprême effort, eût pu sortir victorieuse de l'étreinte. Elle l'a tenté, et ce sera la sauvegarde de son honneur aux yeux de la postérité ; mais elle devait succomber, parce que le poids de ses imprévoyances et de ses fautes passées est venu s'ajouter aux coups de son cruel adversaire.

Je serais impuissant à rechercher la nature et le nombre de ces fautes ; mais il en est une qui m'a toujours obsédé, si j'ose ainsi parler, que je touche du doigt à chaque moment et à laquelle je rapporte la plus large influence dans nos désastres. Puissé-je attirer sur elle l'attention des hommes publics de mon pays !

Je me propose de démontrer dans cet écrit que si, au moment du péril suprême, la France n'a pas trouvé des hommes supérieurs pour mettre en œuvre ses ressources et le courage de ses enfants, il faut l'attribuer, j'en ai la conviction, à ce que la France s'est désintéressée, depuis un demi-siècle, des grands travaux de la pensée, particulièrement dans les sciences exactes.

Dans un temps de faciles convictions et de prompts et extrêmes jugements sur les hommes et sur les choses, il n'est peut-être pas indifférent d'ajouter que les réflexions qu'on va lire n'ont de nouveau que leur application aux circonstances actuelles. Elles ont dominé ma vie depuis vingt ans. J'en pourrais citer de nombreuses preuves ; une seule suffira. Dans une lettre écrite à l'impératrice Eugénie, au mois de novembre 1868, pour la remercier d'un de ces actes de bonté ingénieuse dont sa vie était remplie, on trouverait ces paroles : « La plus grande œuvre à accomplir en ce moment est d'assurer la supériorité scientifique de la France. »

II

Notre siècle se distingue de tous ceux qui l'ont précédé par un prodigieux développement scientifique et industriel. A aucune époque de l'histoire du monde on ne vit, dans une période aussi courte, une telle accumulation de découvertes, tant d'applications nouvelles aux arts, aux industries, au bien-être matériel des sociétés. La France a pris à ce mouvement une part immense. Elle y a été mêlée avec éclat, et plus qu'aucun

autre peuple surtout, elle l'a préparé ; car ce serait
une grande illusion de croire que des résultats
de la nature de ceux que je rappelle pussent être
le fruit de rapides travaux ou du concours de
quelques circonstances heureuses. Le progrès dans
l'ordre matériel ressemble à l'épanouissement de
la feuille ou de la fleur, qui n'apparaissent aux
regards étonnés qu'après une élaboration lente et
obscure de toutes leurs parties, même les plus
délicates. Les découvertes, elles aussi, ont leurs
germes cachés et invisibles, productifs ou stériles
dans la mesure où ils ont été préparés par le
génie, le travail, les longs efforts qui sont pour
eux les sources de la vie et de la fécondité.

Envisagées sous ce point de vue, les découvertes modernes se rattachent par les liens les
plus étroits au grand mouvement intellectuel de la
seconde moitié du XVIIIᵉ siècle; elles sont nées
directement des travaux considérables qui, dans
toutes les directions, ont marqué les progrès de
l'esprit humain pendant cette époque mémorable.
L'Académie des sciences eut-elle jamais plus d'importance que pendant les années où, sur les
mêmes bancs, étaient assis Clairault, Lacaille,
d'Alembert, Coulomb, Lagrange, Réaumur, Buffon,
Daubenton, et, bientôt après, Lavoisier, Laplace,
Laurent de Jussieu, Legendre, Monge, Carnot,
Delambre et tant d'autres ? car je ne nomme que
les plus illustres.

L'effroyable bouleversement politique et social
qui termina les dernières années du XVIIIᵉ siècle

aurait pu retarder pour longtemps la culture des sciences dans notre pays. Non seulement il n'en fut rien, mais on les vit même briller bientôt d'un nouveau lustre, grâce à la création de deux établissements qui furent longtemps sans rivaux en Europe, le Muséum d'histoire naturelle et l'École Polytechnique. Car c'est ici le lieu de rappeler ces judicieuses paroles de notre grand physiologiste M. Claude Bernard : « On peut concourir à l'avancement des sciences par deux voies distinctes : 1° par l'impulsion des découvertes et des idées nouvelles; 2° par la puissance des moyens de travail et de développement scientifique. Dans l'évolution des sciences, l'invention est sans contredit la partie essentielle. Toutefois, les idées nouvelles et les découvertes sont comme des graines : il ne suffit pas de leur donner naissance et de les semer, il faut encore les nourrir et les développer par la culture scientifique. Sans cela elles meurent ou bien elles émigrent, et alors on les voit prospérer et fructifier dans le sol fertile qu'elles ont trouvé loin du pays qui les a vues naître. »

III

C'est, en effet, au Muséum et à l'École Polytechnique ou à l'ombre de ces grands établissements, de ces *institutions nationales*, comme on a pu les nommer sans exagération, qu'on vit se concentrer presque tous les efforts de la science française, et la gloire si pure dont elle a brillé pendant le premier quart de ce siècle. Au Muséum, Geoffroy Saint-Hilaire, Cuvier, Haüy, Brongniart renouvelèrent la face des sciences naturelles.

L'École Polytechnique était à peine sortie des langes de sa création qu'elle put être proclamée dans l'Europe savante le premier des établissements d'instruction. A la voix de ses fondateurs les Lagrange, les Laplace, les Monge, les Berthollet, les Legendre, l'élite de ses élèves, devenus les émules de leurs maîtres, accomplirent dans les sciences mathématiques et physiques une renaissance qui ne le cédait point à celle que le Muséum inaugurait dans les sciences naturelles. Qu'il me suffise de rappeler les noms célèbres de Prony, Malus, Biot, Fourrier, Gay-Lussac, Arago, Poisson, Dulong, Fresnel. Toutes les nations étrangères acceptaient notre supériorité, quoique toutes pussent citer avec orgueil de grandes illustrations : la Suède, Berzélius ; l'Angleterre, Davy ; l'Italie, Volta ; l'Allemagne et la Suisse, des naturalistes éminents, de profonds géomètres ; mais nulle part ailleurs qu'en France ils ne furent aussi nombreux, ces hommes supérieurs dont la postérité garde le souvenir. Grâce au Muséum et à l'École Polytechnique, héritiers pour les sciences exactes du mouvement d'idées qui, dans l'ordre politique, aboutit à la révolution de 1789, la seule ville de Paris comptait plus d'inventeurs qu'aucune contrée du monde.

IV

Peu de personnes comprennent la véritable origine des merveilles de l'industrie et de la richesse des nations. Je n'en veux d'autre preuve en ce moment que l'emploi de plus en plus fréquent, dans le discours, dans le langage officiel, dans des écrits de tous genres, d'une expression fort impropre, celle de *sciences appliquées.* On se plaignait naguère, en présence d'un ministre du plus grand talent, de l'abandon des carrières scientifiques par des hommes qui auraient pu les parcourir avec distinction. Cet homme d'État essaya de montrer qu'il ne fallait pas en être surpris, *qu'aujourd'hui le règne des sciences théoriques cédait la place à celui des sciences appliquées.* Rien de plus erroné que cette opinion ; rien de plus dangereux, oserai-je dire, que les conséquences pouvant résulter, dans la pratique, de ces paroles. Elles sont restées dans ma mémoire comme une preuve évidente de la nécessité impérieuse des réformes que réclame notre enseignement supérieur. Non, mille fois non, il n'existe pas une catégorie de sciences auxquelles on puisse donner le nom de sciences appliquées, *Il y a la science et les applications de la science.* liées entre elles comme le fruit à l'arbre qui l'a porté.

Je ne sais quelle a pu être la part du hasard dans la naissance des arts industriels à l'origine des sociétés, lorsque l'homme s'est montré nu et sans défense à la surface de la terre, alors qu'il ignorait l'extraction et l'usage des métaux, la fabrication du verre et des poteries, etc. Mais ce qui est certain, c'est que, de nos jours, le hasard ne favorise l'invention que pour des esprits préparés aux découvertes par de patientes études et de persévérants efforts.

Les grandes innovations pratiques, les grands perfectionnements de l'industrie et des arts, les changements même dans les rapports des États sont tous sortis des méditations profondes de mathématiciens illustres, des laboratoires de savants physiciens, de chimistes consommés, d'observations de naturalistes de génie. « Elles ne sont, dit Cuvier, ces grandes innovations pratiques, que des applications faciles de vérités d'un ordre supérieur, de vérités qui n'ont point été cherchées à cette intention, que leurs auteurs n'ont poursuivies que pour elles-mêmes et uniquement entraînés par l'ardeur de savoir. Ceux qui les mettent en pratique n'en auraient point découvert les germes; ceux au contraire qui ont trouvé ces germes n'auraient pu se livrer aux soins nécessaires pour en tirer parti. Absorbés dans la haute région où leur contemplation les transporte, à peine s'aperçoivent-ils de ce mouvement, de ces créations nées de quelques-unes de leurs paroles. Ces ateliers qui s'élèvent, ces colonies qui se peuplent, ces vaisseaux qui fendent les mers, cette abondance, ce luxe, ce bruit, tout cela vient d'eux et tout cela leur reste étranger. Le jour qu'une doctrine est devenue pratique, ils l'abandonnent au vulgaire; elle ne les regarde plus. »

Les pouvoirs publics, en France, ont méconnu depuis longtemps cette loi de corrélation entre la science théorique et la vie des nations. Victime sans doute de son instabilité politique, la France n'a rien fait pour entretenir, propager, développer le progrès des sciences dans notre pays ; elle s'est contentée d'obéir à une impulsion reçue; elle a vécu sur son passé, se croyant toujours grande par les découvertes de la science, parce qu'elle leur devait sa prospérité matérielle, mais ne s'apercevant pas qu'elle en laissait imprudemment tarir les sources, alors que des nations voisines, excitées par son propre aiguillon, en détournaient le cours à leur profit et les rendaient fécondes par le travail, par des efforts et des sacrifices sagement combinés.

Tandis que l'Allemagne multipliait ses Universités, qu'elle établissait entre elles la plus salutaire émulation, qu'elle entourait ses maîtres et ses docteurs d'honneurs et de considération, qu'elle créait de vastes laboratoires dotés des meilleurs instruments de travail, la France, énervée par les révolutions, toujours occupée de la recherche stérile de la meilleure forme de gouvernement ne donnait qu'une attention distraite à ses établissements d'instruction supérieure.

Au point où nous sommes arrivés de ce qu'on appelle la *civilisation moderne*, la culture des sciences dans leur expression la plus élevée est peut-être plus nécessaire encore à l'état moral d'une nation qu'à sa prospérité matérielle.

Les grandes découvertes, les méditations de la pensée dans les arts, dans les sciences et dans les lettres, en un mot, les travaux désintéressés de l'esprit dans tous les genres, les centres d'enseignements propres à les faire connaître, introduisent dans le corps social tout entier l'esprit philosophique ou scientifique, cet esprit de discernement qui soumet tout à une raison sévère, condamne l'ignorance, dissipe les préjugés et les erreurs. Ils élèvent le niveau intellectuel, le sentiment moral; par eux, l'idée divine elle-même se répand et s'exalte.

<h1 style="text-align:center">V</h1>

J'ai dit que le Muséum et l'École Polytechnique étaient, pour la partie théorique des sciences, les deux seuls foyers de lumière de la France.

Notre organisation, en effet, n'en a pas comporté d'autres jusqu'à présent. L'École normale supérieure a été trop longtemps une école presque exclusivement littéraire pour que son influence dans le passé pût être comptée. Naguère encore, l'habile physicien M. Pouillet en était le premier et le seul représentant à l'Académie des sciences, tandis que les philosophes, les historiens, les littérateurs qu'elle a formés sont en grand nombre dans les autres classes de l'Institut.

La médecine étant malheureusement un art bien plus qu'une science, l'action des Facultés qui en dispensent les connaissances n'a pu être sensible.

Le Conservatoire des Arts et Métiers n'a servi que les progrès de l'industrie. Quant à nos Facultés, la vie leur a toujours fait défaut par bien des motifs, mais principalement, en ce qui regarde celles des sciences, par l'insuffisance des moyens matériels. Il résulte avec évidence de cette situation, que je ne juge pas au point de vue de l'organisation qui l'a créée, mais que je prends comme un fait établi avec ses conséquences naturelles, il résulte, dis-je, que, sous peine de déchéance scientifique, l'État eût dû employer tous les moyens de faire surgir incessamment du Muséum, de l'École Polytechnique et de ses annexes, et de tous nos autres établissements d'instruction, une pépinière de savants et d'inventeurs.

A ce prix seulement, la France pouvait rester à la hauteur de sa mission et conserver la prééminence qu'elle s'était si justement acquise et qu'aucune nation ne lui contestait il y a cinquante ou soixante ans. Malheureusement, rien de pareil n'a eu lieu. La triste vérité est que *le Muséum et l'École Polytechnique ne forment plus de savants.* Ces deux établissements n'ont pas cessé d'avoir pour maîtres des professeurs illustres; quoi qu'on fasse, un pays comme la France produira toujours de grandes individualités scientifiques; mais de

ces établissements ne sortent plus, comme autrefois, des hommes voués aux libres efforts de la
pensée et à l'étude désintéressée de la nature.
Jadis, la plupart des premiers sujets de l'École
Polytechnique suivaient la carrière des sciences
mathématiques et physiques et du haut enseignement. Aujourd'hui, ce fait n'est plus qu'une rare
exception. Ce n'est pas que les élèves de cette
grande école soient moins nombreux qu'autrefois
ou moins capables que leurs aînés, les Malus, les
Poisson, les Fresnel, d'illustrer leur pays par de
fécondes découvertes, mais le cours des choses les
invite à porter le fruit de leurs veilles dans les
opérations de l'industrie, telles que l'exploitation
des mines, la construction des chemins de fer, etc.

Des circonstances d'une autre nature, mais
qui se rattachent aux mêmes imprévoyances et
aux mêmes erreurs, ont affaibli le Muséum et
compromis la fécondité de son enseignement et
de ses travaux. Pénurie des ressources matérielles,
amoindrissement des situations, suppression des
chaires, galeries et laboratoires délabrés, sont
autant de causes qui ont éloigné des sciences naturelles les aptitudes les plus décidées [1].

On n'a pas compris que ce déplacement, légi-

(1) Un trait entre beaucoup d'autres du peu de libéralité témoi-
gnée à la science et aux gloires du pays : on a résolu récemment de
priver les professeurs du Muséum de leur résidence dans cet établissement, comme si on eût voulu leur rendre plus pénible l'accès de
leurs collections et de leurs laboratoires, et ajouter aux difficultés de
leurs travaux.

time d'ailleurs, de l'énergie de l'École Polytechnique, créait dans la nation, au préjudice de la
science, une immense lacune pouvant avoir les
conséquences les plus funestes. Si vous doutez
de la vérité de ce que j'avance, demandez aux
hommes compétents quel est le nombre des naturalistes que le Muséum a formés depuis trente
ans, par exemple, et quels sont, pour le même
intervalle, les mathématiciens, les astronomes, les
physiciens, les chimistes sortis de l'École Polytechnique. On ose à peine songer à l'état d'abais-
sement où serait tombée de nos jours la science
française, si des hommes privilégiés, formés seuls
et sans maîtres officiels, tels que Claude Bernard,
Foucault, Laurent et Gerhardt, Fizeau, Deville,
Wurtz, Berthelot, n'avaient surgi du sein de la
nation, comme autrefois les Chevreul, les Dumas,
les Boussingault et les Balard.

VI

Des esprits superficiels ou qu'abuse la passion politique font hommage à l'idée républicaine
de toutes les grandes choses accomplies par la
Convention et le Comité de salut public. L'histoire condamne absolument cette opinion. Le
salut de la France a été la conséquence exclusive
de sa supériorité scientifique. Aussi, qu'elle est
douloureuse, la comparaison des services que
la science a rendus à la patrie pendant la Ré-

volution et pendant la guerre qui vient de finir !
Combien l'impression en est encore aggravée,
quand on songe qu'en 1870, les rôles ont été in-
tervertis au profit de notre orgueilleux adversaire !

Les dangers qui menacèrent la France en
1792 parurent un instant au-dessus de tous les
efforts : l'Europe entière armée contre elle, un
blocus rigoureux sur terre et sur mer, la guerre
civile, nos arsenaux vides, une armée insuffisante
ou hostile; en 1870, toutes les mers ouvertes et
une seule nation à combattre. Mais, hélas! la
prééminence due à la science s'était déplacée.
Sans rien sacrifier du développement de son agriculture et de son industrie, tout en donnant aux
applications des sciences le soin qu'elles réclam-
ment, cette nation rivale avait su porter la meilleure part de sa considération et de ses sacrifices
sur les travaux de l'esprit dans ce qu'ils ont de
plus élevé et de plus libre, sur les progrès de la
science dans ce qu'ils ont de plus désintéressé, à
ce point que le nom de l'Allemagne est lié, en
quelque sorte, par une association d'idées naturelle, à celui d'Universités.

Elle a compris, cette nation, qu'il n'existe pas
de sciences appliquées, mais seulement des applications de la science, et que ces dernières ne
valent que par les découvertes qui les alimentent,
tandis que la préoccupation constante de nos
hommes d'État depuis cinquante ans, touchant
l'instruction publique, a eu principalement pour
objet les enseignements primaire et secondaire.

Ils ont abandonné les hautes études, les sciences en particulier, et l'instruction supérieure à la seule impulsion qu'elles avaient reçue du mouvement de rénovation des sciences au xviiie siècle.

L'enseignement élémentaire ne peut porter d'heureux fruits que s'il est animé du souffle d'un grand enseignement national.

VII

Pourrais-je mieux appuyer l'exposé des considérations qui précédent qu'en mettant en regard les résultats pratiques nés de la grandeur scientifique de la France au xviiie siècle et de sa déchéance relative au xixe ?

Nos désastres de 1870 sont présents à tous les esprits. Il n'y aurait aucune utilité à les rappeler. Il est malheureusement trop notoire que les hommes supérieurs ont manqué pour mettre en œuvre les immenses ressources de la nation. Grâce aux progrès des sciences dans les cinquante années qui précédèrent la Révolution, la France de 1792 multiplia au contraire ses forces par le génie de l'invention et vit surgir à point nommé, pour sa défense, des hommes dont on a pu dire qu'ils surent organiser la victoire.

« La Convention, dit Arago, avait décrété la levée en masse de 900 000 hommes. Il ne fallait rien moins pour tenir tête à l'ouragan qui, de tous les points de l'horizon, allait fondre sur la

France. Bientôt un cri de détresse se fait entendre et porte le découragement dans les esprits les plus fermes. Les arsenaux sont presque vides. On n'y trouverait pas la dixième partie des armes et des munitions que la guerre exigera. Suppléer à ce manque de prévoyance, d'autres disent à cette trahison calculée de l'ancien gouvernement, semble au-dessus des forces humaines.

« La poudre?

« Depuis longtemps elle a en France pour principale base le salpêtre tiré de l'Inde, et l'on ne doit plus compter sur cette ressource.

« Les canons de campagne?

« Le cuivre entre pour les 0,91 dans l'alliage dont ils sont formés; or, les mines de France ne produisent du cuivre que dans des proportions insignifiantes, et la Suède, l'Angleterre, la Russie, l'Inde, d'où nous tirions ce métal, nous sont fermées.

« L'acier?

« Il nous venait de l'étranger; l'art de le faire est ignoré dans nos forges, dans nos usines, dans nos ateliers...

« Dans la première réunion des savants d'élite qui avaient été convoqués, la question de la fabrication de la poudre, la première de toutes par son importance et par sa difficulté, assombrit les esprits. Les membres expérimentés de la régie ne la croyaient pas soluble. Où trouver le salpêtre? disaient-ils avec désespoir. « Sur

« notre propre sol, répondit Monge, sans hésiter ;
« les écuries, les caves, les lieux bas en contien-
« nent beaucoup plus que vous ne croyez. » Ce
fut alors qu'appréciant avec hardiesse les ressources infinies que le génie possède quand il s'allie
à un ardent patriotisme, Monge s'écria : « On nous
« donnera de la terre salpêtrée, et trois jours
« après nous en chargerons les canons ! »

Nous aussi, depuis le 4 septembre, nous avons
eu de ces exclamations sublimes, mais comme
elles touchèrent vite au ridicule ! Celle de Monge,
ainsi que le remarque Arago, resta sublime :

« Des instructions méthodiques et simples
furent répandues à profusion sur tous les points
de la République, et chaque citoyen se trouva en
mesure d'exercer un art qui jusque-là avait été
réputé très difficile.

« La France devint une manufacture de
poudre.

« Le métal des cloches est un alliage de cuivre et d'étain, mais dans des proportions qui ne
conviendraient pas aux armes de guerre. La chimie trouva des méthodes nouvelles pour séparer
ces deux métaux.

« L'art de faire l'acier est ignoré, on le crée.
Le sabre, l'épée, la baïonnette, la lance, la batte-
rie de fusil, se fabriqueront désormais avec de
l'acier français.

« La préparation des cuirs destinés à la
chaussure exigeait des mois entiers de travail ;
d'aussi longs délais ne sauraient se concilier avec

les besoins de nos soldats, et l'art du tanneur reçoit des perfectionnements inespérés; désormais des jours y remplaceront des mois.

« Les ballons n'avaient été, jusqu'en 1794, qu'un simple objet de curiosité; à la bataille de Fleurus, un ballon portera le général Morlot dans la région des nuages; de là les moindres manœuvres de l'ennemi seront aperçues, signalées à l'instant, et une invention toute française procurera à nos armes un éclatant triomphe.

« Les premières idées du télégraphe aérien, dues également à un Français, sont perfectionnées, étendues, appliquées, et, dès ce moment, les ordres arrivent aux armées en quelques minutes. »

Telles sont les merveilles que le génie de la science et le patriotisme ont enfantées pendant la révolution française.

Deux membres de l'Institut, Monge et Carnot, aidés par d'éminents collègues, Fourcroy, Guyton de Morveau, Berthollet, etc.., furent l'âme de cet immortel ensemble de travaux.

O ma patrie! Toi qui as tenu si longtemps le sceptre de la pensée, pourquoi t'être désintéressée de ses plus nobles créations? Elles sont le flambeau divin qui illumine le monde, la source vive de tous les grands sentiments, le contrepoids à l'entraînement vers les jouissances matérielles.

La barbarie native et le farouche orgueil de

tes ennemis en ont fait un instrument de haine, de dévastation, de carnage. Entre tes mains elles eussent été la lumière de l'humanité, et, au moment du péril suprême, tu aurais vu apparaître, sous leur inspiration, des organisateurs comme Carnot et des capitaines plus habiles encore que les lieutenants de Bonaparte!

CORRESPONDANCE

entre un savant français et un savant prussien pendant la guerre

(janvier-mars 1871)

DÉCLARATION DE M. CHEVREUL

DANS LA SÉANCE DE L'ACADÉMIE DES SCIENCES

du 9 janvier 1871

M. CHEVREUL donne lecture à l'Académie de la déclaration suivante :

« Le Jardin des plantes médicinales, fondé à Paris, par édit du roi Louis XIII, à la date du mois de janvier 1626,

« Devenu le Muséum d'histoire naturelle par décret de la Convention du 10 de juin 1793,

« Fut bombardé,

« Sous le règne de Guillaume Ier, roi de Prusse, comte de Bismark chancelier,

« Par l'armée prussienne, dans la nuit du 8 au 9 de janvier 1871,

« Jusque-là, il avait été respecté de tous les partis et de tous les pouvoirs nationaux et étrangers.

« E. CHEVREUL, Directeur.

« Paris, le 9 janvier 1871. »

LETTRE

DE M. PASTEUR

à M. le Doyen de la Faculté de médecine de l'Université de Bonn

(18 janvier 1871)

Arbois (Jura), le 18 janvier 1871.

Monsieur le Doyen,

En 1868, la Faculté de médecine de l'Université de Bonn m'a fait l'honneur de me décerner d'office le titre de docteur en médecine, en récompense de mes travaux sur les fermentations et le rôle des organismes microscopiques. De toutes les distinctions que m'ont values les découvertes qu'il m'a été donné d'accomplir depuis mon entrée dans la carrière des sciences, il y a vingt-deux ans, il n'en est pas, je l'avoue, qui m'ait procuré plus de satisfaction. C'était, à mes yeux, la légitimation d'une pensée intime dont je sentais la vérité s'affermir de plus en plus, que mes recherches ont ouvert aux études médicales des horizons nouveaux. Je m'empressai même de mettre sous verre le diplôme d'honneur qui consacrait la décision de votre Faculté et j'en ornai mon cabinet de travail. Aujourd'hui, la vue de ce parchemin m'est odieuse, et je me sens offensé de voir mon nom, avec la qualification de Virum clarissimum dont vous le décorez, se trouver placé sous les auspices d'un nom voué désormais à l'exécration de ma patrie, celui de Rex Guilelmus.

Tout en protestant hautement de mon profond respect envers vous et envers tous les professeurs célèbres qui ont apposé leur signature au bas de la décision des membres de votre ordre, j'obéis à un cri de ma conscience en venant vous prier de rayer mon nom des archives de votre Faculté et de reprendre ce diplôme en signe de l'indignation qu'inspirent à un savant français la barbarie et l'hypocrisie de celui qui, pour satisfaire un orgueil criminel, s'obstine dans le massacre de deux grands peuples.

Depuis l'entrevue de Ferrières, la France combat pour le respect de la dignité humaine et la Prusse pour le triomphe du plus abominable des mensonges, savoir, que la paix future de l'Allemagne est au prix du démembrement de la France, tandis que, pour tout homme sensé, la conquête de l'Alsace et de la Lorraine est l'enjeu d'une guerre sans limite. Malheur ou pitié aux peuples de l'Allemagne si, plus voisins que nous du servage féodal, ils ne comprennent pas que la France, propriétaire des terres d'Alsace et de Lorraine, n'est pas maitresse des consciences de leurs habitants! La Savoie serait encore piémontaise si, par un vote libre, ses habitants n'avaient consenti à devenir Français. Tel est

*le droit moderne des nations civilisées, que votre
roi foule aux pieds et pour la défense duquel la
France est debout. Aussi, à aucune époque de
son histoire, peut-être, elle n'a mieux mérité
d'être appelée la grande nation, l'initiatrice du
progrès, la lumière des peuples.*

*Votre roi ne connait pas la France. Il a pris
pour son caractère naturel les effets et l'em-
preinte passagère d'une prospérité matérielle
inouïe et de quatre-vingts ans d'instabilité politique. On voit des plantes qui, après avoir
éprouvé le tourment factice de la main de
l'homme et l'action énervante des serres chaudes,
modifient leurs allures à ce point que des naturalistes d'un esprit étroit vont jusqu'à changer
leurs noms ; mais, replacées dans leurs conditions naturelles, elles reviennent bientôt aux
types de leurs espèces. Ainsi fait la France en
ce moment ; le génie de sa race réapparait et
Dieu seul connait le terme de ses efforts.*

*« Considérez cette nation en elle-même, a
dit un de ses plus dignes écrivains, et vous la
trouverez plus extraordinaire qu'aucun des événements de son histoire. En a-t-il jamais paru
sur la terre une seule qui fût si remplie de
contrastes et si extrême dans chacun de ses actes,
faisant ainsi toujours plus mal ou mieux qu'on
ne s'y attendait. Tantôt au-dessous du niveau
commun de l'humanité, tantôt fort au-dessus ; un
peuple tellement inaltérable dans ses principaux
instincts qu'on le reconnait encore dans les por-*

*traits qui ont été faits de lui il y a deux ou trois
mille ans, et en même temps tellement mobile
qu'il finit par se devenir un spectacle inattendu
à lui-même, demeurant souvent aussi surpris que
les étrangers à la vue de ce qu'il vient de faire;
le plus casanier et le plus routinier de tous les
peuples, et, lorsqu'une fois on l'a arraché, malgré lui, à son logis et à ses habitudes, prêt à
pousser jusqu'au bout du monde et à tout oser;
indocile par tempérament; aujourd'hui l'ennemi
déclaré de toute obéissance, demain conduit par
un fil, tant que personne ne résiste; plus capable
d'héroïsme que de vertu, de génie que de bon
sens; enfin la plus brillante et la plus dangereuse des nations de l'Europe, et la mieux faite
pour devenir tour à tour un objet d'admiration,
de haine, de pitié, de terreur. »*

*Voilà le peuple qui se lève devant vous,
« prêt à pousser jusqu'au bout du monde et à
tout oser », parce qu'il a conscience de la justice
et de la sainteté de sa cause.*

*Veuillez agréer, Monsieur le Doyen, et faire
agréer à vos savants collègues l'hommage de
mes sentiments de haute considération.*

*P. S. — Écrit à Arbois (Jura), le 18 janvier
1871, après la lecture du stigmate d'infamie
inscrit au front de votre Roi, par l'illustre Directeur du Muséum d'histoire naturelle, M. Chevreul, dans la séance de l'Académie des Sciences
tenue à Paris le 9 janvier 1871.*

RÉPONSE

DE M. LE DOYEN

de la Faculté de médecine de l'Université de Bonn à M. Pasteur

(1er mars 1871)

Bonn, ce 1ᵉʳ mars 1871.

Monsieur,

LE *soussigné, Doyen actuel de la Faculté de médecine de l'Université de Bonn, est chargé de répondre à l'insulte que vous avez osé faire à la nation allemande en la personne sacrée de son auguste empereur, le roi Guillaume de Prusse, en vous envoyant l'expression de* tout son mépris.

Dᵣ Maurice Naumann.

P. S. — *Voulant garantir ses actes* contre la souillure, *la Faculté vous envoie ci-joint votre libelle.*

LETTRE

DE M. PASTEUR

à M. le Doyen de la Faculté de médecine de l'Université de Bonn

(9 mars 1871)

Lyon, 8 mars 1871.

Monsieur le Doyen,

Dans une lettre écrite le 18 janvier, pendant que votre nouvel empereur et roi se livrait au bombardement de Paris, après avoir protesté de mon profond respect envers vous et vos savants collègues, j'ai obéi à un cri de ma conscience en vous demandant de rayer mon nom de la liste des membres honoraires de votre Faculté.

En agissant ainsi, j'ai cédé à deux sentiments français : l'un, que la science n'a pas de patrie ; l'autre, que les rois sont des hommes, méprisables comme tous les autres hommes, quand ils outragent les lois de l'humanité.

Sans me répondre sur le point principal de ma lettre, qui était la radiation de mon nom dans vos archives, vous m'informez, Monsieur le Doyen, à la date du 1er mars, que vous êtes chargé par votre Faculté de m'adresser l'expression de son mépris, de son profond mépris, dites-vous en allemand, car vous avez pris la peine de m'envoyer deux textes de votre lettre, l'un en langue allemande, l'autre en langue française.

J'ai l'honneur de vous faire savoir, d'une part, Monsieur le Doyen, qu'il est des temps où l'expression de mépris, dans la bouche de sujets prussiens, équivaut, pour un cœur vraiment français, à celle de Virum clarissimum *que vous me décerniez naguère, en la motivant, dans un de vos actes publics.*

Je relèverai, d'autre part, dans vos textes, l'expression de sainte ou sacrée appliquée à la personne de votre roi, en vous faisant observer que cette expression, elle aussi, se trouvait dans ma lettre du 18 janvier, mais que, loin d'y être profanée, elle s'appliquait à l'idée du respect de la dignité humaine, foulée aux pieds par votre empereur dans la personne des habitants de l'Alsace et de la Lorraine. Je laisse à votre sagacité et à l'avenir le soin de dire de quel côté sont la propriété des termes, la vérité et la justice.

Au surplus, il y a peut-être des moments où il est bon que rois et peuples croient aux rois de droit divin. A la louange de Dieu et le cœur plein de reconnaissance envers la Providence, ils peuvent alors bombarder les villes ouvertes, assassiner les francs-tireurs, fusiller les paysans, incendier les villages, brûler vifs, comme à Ba-

zeilles, des vieillards, des femmes et des enfants,
voire même établir sans scrupule, dans de
grandes villes de l'Empire, des magasins d'objets
volés « offerts à des prix avantageux ».

Veuillez agréer, Monsieur le Doyen, l'hommage de mon respect.

P. S. — Et maintenant, Monsieur le Doyen,
en relisant votre lettre et la mienne, je me sens
le cœur navré de penser que des hommes qui,
comme vous et moi, ont consacré leur vie à la
recherche de la vérité et aux progrès de l'esprit
humain, se tiennent mutuellement un pareil
langage, motivé de ma part sur de tels actes.
Voilà pourtant un des résultats du caractère
imprimé à cette guerre par votre empereur. Vous
me parlez de souillure, Monsieur le Doyen. Elle
est, soyez-en sûr, et elle sera, jusque dans les
temps les plus reculés, pour la mémoire de ceux
qui ont commencé le bombardement de Paris
alors que la capitulation par la famine était
inévitable, et qui ont continué cet acte sauvage
quand il fut devenu évident pour tous qu'il
n'avancerait pas d'une heure la reddition de
l'héroïque cité.

SUR LA CONSERVATION DES VINS

**Communication faite au sujet du chauffage des vins
à la *Société centrale d'agriculture de France***

(21 janvier 1874)

Samedi dernier, 17 janvier, j'ai reçu la visite de M. Boillot, maire de Volnay (Côte-d'Or).

Je prie la Société de me permettre de lui rendre compte de l'entrevue que j'ai eue avec cet honorable propriétaire dans la forme où elle s'est produite, celle du dialogue. Publiés de cette façon, les enseignements qui ressortent de cette conversation attireront peut-être l'attention des personnes intéressées à les bien connaître.

M. *BOILLOT.* Je viens, Monsieur, vous remercier de l'obligeance que vous avez eue de me faire adresser, par le secrétaire de l'Académie, les travaux déjà publiés sur le phylloxera, conformément à la demande que je vous en avais faite.

M. *PASTEUR.* Votre nom a été inscrit par

ordre de M. le Secrétaire perpétuel, et je pense que, en votre qualité de maire d'une commune dont le vignoble est très important, vous recevrez ce qui pourra être encore publié à l'avenir sur ce sujet.

Chauffez-vous votre vin, Monsieur le Maire?

M. BOILLOT. Non, Monsieur ; je voudrais bien le chauffer, car nos vins de 1870 sont à la veille de se gâter. Mais comment les chauffer? Quel appareil employer? Et puis, il y a des personnes qui assurent que cela peut faire du mal à nos grands vins.

M. PASTEUR. En effet, on a même dit que « le chauffage équivalait pour ces vins à une amputation ». Voulez-vous bien, Monsieur le Maire, descendre avec moi dans ma cave d'expériences... Voici des rangées de bouteilles de vins de vos grands crus, qui ont été chauffées; elles sont placées à côté d'autres des mêmes vins, non chauffées. L'expérience comparative date de l'année 1866 ; il y a plus de sept ans. Vous n'ignorez pas qu'en 1864 j'ai démontré que les altérations spontanées, ou maladies des vins, étaient produites par le développement, dans l'intérieur du vin ou à sa surface, de petits champignons microscopiques, dont les germes sont apportés dans le moût du raisin, à l'époque de la vendange, par les poussières en suspension dans l'air ou répandues à profusion à la surface des grains, du bois de la grappe, des feuilles, etc.., etc.., germes que les filtrations et les collages qu'on fait subir au vin n'enlèvent que très imparfaitement.

En 1865, j'ai reconnu qu'il suffisait de porter le vin, ne fût-ce qu'une minute, à la température de 60°, pour tuer tous ces germes de maladie.

Ces découvertes, que le temps n'a fait que confirmer, étaient à peine publiées, que la contradiction, qui s'attache invariablement à toutes les nouveautés, même les mieux établies, déclara que ce moyen de conservation pouvait peut-être convenir à des vins communs, mais que bien certainement, par cette pratique, on enlèverait aux vins fins leur délicatesse et leur bouquet; qu'en un mot on les empêcherait de vieillir dans de bonnes conditions. Ceux qui parlaient ainsi affirmaient ce qu'ils ignoraient, ce que j'ignorais moi-même, puisque mes expériences sur le vieillissement des vins chauffés n'existaient pas encore. Le temps seul pouvait permettre de porter, sur la question particulière du vieillissement après chauffage, un jugement autorisé.

Dans ce but, je fis venir de la Bourgogne, en 1866, un certain nombre de bouteilles de chacun de vos grands crus : Chambertin, Nuits, Volnay, Pomard, Romanée, Vougeot, Echezaux, Saint-Georges, Beaune. Je chauffai une partie des bouteilles de chaque sorte, puis je les déposai à côté d'un égal nombre de bouteilles non chauffées.

Les voici tous, ces vins de vos grands crus. Choisissez vous-même, au hasard, deux bouteilles, l'une prise dans la rangée de celles qui ont été

chauffées, l'autre dans la rangée des non chauffées. Vous allez les déguster, par comparaison...

M. BOILLOT. Vin de Pomard 1861 : Le vin
chauffé vaut 4 francs la bouteille; le non chauffé
ne vaut pas 1 franc la bouteille.

Vin de Pomard 1863 : Le vin chauffé vaut plus
de 4 francs la bouteille; le non chauffé ne vaut
pas 50 centimes la bouteille.

Vin de Volnay 1863 : Je reconnais mes éti-
quettes. C'est moi qui vous ai vendu ce vin en
1866. Le vin chauffé est excellent. Le vin non
chauffé est bon aussi, bien conservé, mais ne vaut
pas l'autre.

Vin de Volnay 1864 : C'est encore de mon vin.
Le non chauffé est bon, très beau, mais il est à
son apogée. Il ne peut plus que perdre. Le vin
chauffé est bien supérieur, très solide, il a encore
une longue vie.

Ainsi donc, quand bien même on serait assuré
que nos grands vins pourraient se conserver, ce
qu'on ne sait jamais avec certitude, il faudrait
encore les chauffer, parce que cela les améliore
étonnamment à la longue.

Je me déclare satisfait et convaincu. Je ne
veux pas déguster les autres vins. Je suis émer-
veillé. Ça me produit le même effet que si je vous
voyais verser de l'or à pleines mains dans nos
contrées. Ah! je ne savais pas cela!

M. PASTEUR. Vous voilà bien, mes chers

compatriotes, occupés de politique, d'élections, de la lecture superficielle des journaux ! Mais les livres sérieux qui traitent des affaires du pays, de vos propres intérêts, vous les laissez de côté ! Cela vous demanderait quelque peine pour les comprendre et en suivre les sages avis, motivés par des travaux assidus qui, souvent, compromettent la santé de leurs auteurs.

M. BOILLOT. Détrompez-vous, Monsieur ; j'ai lu dans des *Comptes rendus de l'Académie* que M. Pasteur avait dit que le chauffage conserve et améliore nos vins; mais, en tournant la page, j'ai vu que des confrères de M. Pasteur le contredisaient et soutenaient que le chauffage tue les qualités de nos grands vins. Que voulez-vous que nous fassions, nous autres vignerons ?

M. PASTEUR. Combien vous m'attristez, Monsieur le Maire! Vous mettez à nu un autre travers de notre caractère national, une sorte de penchant à la contradiction superficielle, qui ne supprime pas, sans doute, la vérité, mais qui en arrête le cours et peut retarder les applications les plus utiles. Nous n'aimons pas le succès chez le prochain. Notre premier mouvement est d'en nier l'existence et la réalité. Pourtant, Monsieur le Maire, en lisant avec attention, vous auriez pu reconnaître que tout ce que j'avais annoncé était accompagné de faits précis, de rapports officiels, de dégustations par des hommes compétents, tandis qu'on ne m'avait opposé que des assertions sans preuves.

M. BOILLOT. C'est vrai; mais je vous assure, Monsieur, que c'est bien difficile. Vos confrères qui vous ont contredit sont de grands propriétaires en Bourgogne; ils ont intérêt à connaître tout ce qui peut être utile à nos vins. Mais soyez tranquille, dorénavant je ne croirai plus vos contradicteurs, et tout de suite, en rentrant à Volnay, je vais m'occuper de cette affaire; mais quel appareil choisir?

M. PASTEUR. Pour vos vins, qui sont des vins de grand prix, il faut prendre l'appareil le plus parfait; c'est la bouteille bouchée. Je vais faire chauffer, en votre présence, cinquante bouteilles.

L'opération dura une demi-heure au plus.

M. BOILLOT. Comment! c'est aussi simple que cela? Je n'en reviens pas; demain j'aurai commandé une grande marmite ou une bâche pareille à celle-ci pour chauffer mon vin. Est-ce possible, moi qui viens de perdre une pièce de vin de 1870! Je l'avais mise en bouteilles, il y a quelque temps, pour des conseillers généraux; je vais en prendre quelques-unes, je vois des choses flottantes, vos champignons de maladie évidemment. Je déguste; impossible de livrer ce vin, il commençait à se gâter.

M. PASTEUR. Pour prix de la leçon que je viens de vous donner, Monsieur le Maire, je vous demande de faire connaître tout ce que vous venez d'apprendre à vos administrés; ce sont des millions que vous donnerez à la Bourgogne.

M. BOILLOT. C'est vrai. Et que pensez-vous, Monsieur, des vins gelés?

M. PASTEUR. La congélation est une pratique beaucoup plus embarrassante et dispendieuse que celle du chauffage; elle produit un effet analogue au *vinage* ou à ce que vous appelez *procéder* les vins; mais elle n'empêche pas les maladies de se produire. Si vous voulez, je vais vous montrer des vins de nos grands crus qui ont été gelés et qui sont altérés.

M. BOILLOT. C'est très vrai, je l'ai constaté souvent. Je ne saurais trop vous remercier, Monsieur, de votre obligeance; je ne puis vous dire combien je retourne heureux et content à Volnay. Voulez-vous me permettre de vous envoyer vingt-cinq bouteilles de mon vin de 1870?

M. PASTEUR. Très volontiers, Monsieur le Maire, j'en chaufferai douze, cela arrêtera le mal au point où il se trouve, et je laisserai les autres bouteilles telles quelles. Chaque année, pendant douze ans, si Dieu me prête vie, je ferai déguster, par comparaison, une bouteille de chaque sorte, soit par vous, si vous venez à Paris, soit par un

de vos compatriotes, soit même par ceux qui vous
ont fait tant de tort en propageant légèrement des
erreurs.

A la suite de cette lecture, M. Pasteur fait déguster des
vins de Pomard de la même année, 1863, les uns chauffés,
les autres non chauffés. La supériorité des vins chauffés est
reconnue incontestable.

DISCOURS

prononcé à la distribution des prix du collège d'Arbois

(8 août 1874)

APRÈS un moment d'hésitation, j'ai accepté avec plaisir l'honneur de présider la distribution des prix du collège d'Arbois, de ce collège aimé où je ne puis faire un pas sans rencontrer un souvenir. C'est dans le lieu même qui nous rassemble que nous venions, mes camarades et moi, les jours de distribution de prix, saluer les magistrats de la cité, recevoir de leur bouche des paroles d'affection et des vœux d'avenir, heureux du bonheur de nos familles, fiers, comme vous le serez tout à l'heure, de porter sur les genoux de nos mères les couronnes du travail, au bruit des applaudissements de nos rivaux.

Mais qu'elles sont loin de nous ces années de l'enfance! Que de vides parmi les hommes, que de changements dans les institutions! Combien de fois la mort a frappé dans nos rangs et dans les rangs de nos maîtres! Parmi ceux qui ont été moissonnés avant l'heure, permettez-moi de vous rappeler un seul nom, celui de M. Romanet, le prédécesseur de votre digne principal, M. Belot, qui a hérité pour vous de sa sollicitude paternelle. M. Romanet était le type accompli de l'homme de bien, du véritable instituteur de la jeunesse. Rien ne manquait à son action, à la salutaire influence de ses conseils : l'exemple des bonnes mœurs, une tenue irréprochable, tenue rectorale, si j'ose ainsi parler, la sévérité dans une juste mesure, la science constamment fortifiée par le travail, et puis, ce je ne sais quoi, cette flamme intérieure qu'on rencontre parfois dans les divers rangs de la société et qui nous fait dire de quelqu'un : Celui-là n'est pas à sa place. — Je l'entends encore ouvrant nos cœurs à l'émulation par le récit de la conduite passée ou présente de ceux qui nous avaient précédés dans la carrière, non des plus anciens, comme les d'Oussières et les Parandier, trop haut placés pour qu'il n'eût pas la crainte de nous effrayer par la pensée de les égaler, mais de ceux plus voisins de nous, qui avaient quitté naguère son cher collège et qui déjà faisaient bonne figure dans le monde, Bousson, l'ingénieur de talent; Bergeret, le brillant étudiant en médecine; de Brevans, l'officier distingué du Génie, et bien d'autres.

En reportant ma pensée à cette époque déjà éloignée, je ne saurais vous dire la satisfaction que j'éprouve de voir présents à cette fête deux de nos maîtres vénérés d'autrefois, M. Jacquenod, le professeur si modeste et si bon; M. Carré, le mathématicien éminent, à qui l'on pourrait appliquer avec tant de justesse ce que je disais tout à l'heure des hommes qui ont vécu hors de leur véritable place, et qui, mieux servis par les circonstances, eussent brillamment occupé des postes plus élevés.

Vous me pardonnerez, Messieurs, d'avoir saisi cette occasion solennelle de rendre publiquement hommage aux professeurs dévoués qui ont honoré cette maison et qui ont fait naître en moi la passion du savoir et l'amour du travail. C'est à eux, c'est à la clairvoyance de leurs conseils, sans cesse fortifiés par la vigilante affection d'un excellent père, que je reporte l'honneur des éloges qui viennent de m'être adressés. Et vous, jeunes élèves, persuadez-vous bien que c'est dans un travail assidu, sans autre don particulier que celui de la persévérance dans l'effort, joint peut-être à l'attrait de tout ce qui est grand et beau, que j'ai trouvé le secret de ces succès dont vos maîtres viennent de parler avec tant d'indulgence.

Aimez donc le travail, jeunes élèves; hors du travail vous ne trouveriez qu'amère déception et suprême ennui. Inutiles aux autres et à vous-mêmes, privés de l'estime publique, vous deviendriez promptement des déclassés de la société. L'éducation libérale que vous auriez reçue sans en retirer aucun mérite n'aurait d'autre résultat que de vous livrer à un fol orgueil et au travers de ces esprits frondeurs qui sur tous les sujets ont des affirmations superficielles. Bien plus, on verrait surgir parmi vous des esprits forts, prêts à donner sur les plus graves questions des solutions définitives. Naguère, dit-on, il a existé de ces génies incompris dans notre ville, et je sais que le mot de *libre penseur* est inscrit quelque part, dans l'enceinte de nos murs, comme un défi et un outrage (1). Savez-vous ce que réclament la plupart des libres penseurs? C'est, pour les uns, la liberté de ne pas penser du tout et d'être asservis par l'ignorance; pour d'autres, la liberté de penser mal; pour d'autres encore, la liberté d'être dominés par les suggestions de l'instinct et de mépriser toute autorité et toute tradition. La libre pensée dans le sens cartésien, la liberté dans l'effort, la liberté dans la recherche, le droit de conclure sur le vrai accessible à l'évidence et d'y conformer sa conduite, oh! ayons un culte pour cette liberté-là; c'est elle qui a fait la société moderne dans ce qu'elle a de plus élevé et de plus fécond; mais la libre pensée qui réclame le droit de conclure sur ce qui échappe à une connaissance précise, la liberté qui signifie matérialisme ou athéisme, celle-là répudions-la avec énergie.

Vraiment, je les admire, tous ces grands philosophes de ces systèmes nihilistes si prospères aujourd'hui! Eh quoi! nous autres patients scru-

____

(1) On voit, au cimetière de la ville, plusieurs tombes avec cette épitaphe : MORT EN LIBRE PENSEUR. Chose étrange, elles sont de date récente, toutes postérieures à nos désastres.

tateurs de la nature, riches des découvertes de
nos devanciers, munis des instruments les plus
délicats, armés de la sévère méthode expérimentale, nous bronchons à chaque pas dans la recherche de la vérité, et nous nous apercevons que le
monde matériel, dans la moindre de ses manifestations, est presque toujours autre que ce que
nous l'avions pressenti. Mais eux, livrés tout
entiers à l'esprit de système, placés derrière le
voile impénétrable qui couvre le commencement
et la fin de toutes choses, comment font-ils donc
pour savoir? Croyez-moi, en face de ces grands
problèmes, éternels sujets des méditations soli-
taires des hommes, il n'y a que deux états pour
l'esprit : celui que crée la foi, la croyance à une
solution qu'une révélation divine aurait donnée,
et celui du tourment de l'âme à la poursuite de
solutions impossibles, exprimant ce tourment par
un silence absolu, ou, ce qui revient au même,
par l'aveu de l'impuissance à rien comprendre et
à rien connaître de ces mystères. Prétendre introduire la religion dans la science est d'un esprit
faux. Plus faux encore est l'esprit de celui qui
prétend introduire la science dans la religion,
parce qu'il est tenu à un plus grand respect de
la méthode scientifique. L'homme de foi ne sait
pas et ne veut rien savoir. Il croit à une parole
surnaturelle. C'est incompatible avec la raison
humaine, direz-vous; je suis de votre avis, mais
il est plus incompatible encore avec la raison
humaine de croire à la puissance de la raison

sur les problèmes de l'origine et de la fin des choses. Et puis la raison n'est pas tout : il y a le sentiment ; et ce qui fera éternellement la force des convictions de l'homme de foi, c'est que les enseignements de sa croyance sont en harmonie avec les élans du cœur, tandis que la croyance du matérialiste impose à la nature humaine des répugnances invincibles. Est-ce que le bon sens, le sens intime de chacun ne proclame pas la responsabilité individuelle ? Le matérialisme, au contraire, la repousse. Est-ce qu'au chevet de l'être aimé que la mort vient de frapper vous ne sentez pas au dedans de vous quelque chose qui vous crie que l'âme est immortelle ? C'est insulter au cœur de l'homme que de dire avec le matérialiste : « La mort, c'est le néant ! »

Jeunes élèves, je m'arrête pour ne pas allonger ce discours, et non par la crainte d'aborder devant vos jeunes intelligences des sujets trop élevés. C'est le privilège des grandes vérités d'avoir des lumières intérieures pour tous les âges de la vie, et c'est l'honneur de l'humanité d'en recevoir de vivifiantes clartés, quelle que soit la culture de l'esprit. Qui de vous n'a senti son âme s'émouvoir aux idées de Dieu, de patrie, de vertu, de courage ? Aussi je souhaiterais que tout professeur, en franchissant le seuil de sa classe, se dît avec recueillement : *Comment élèverai-je, aujourd'hui, plus haut qu'hier, l'intelligence et le cœur de mes élèves ?*

Sursum corda ! Toujours plus haut la pensée,

toujours plus haut les aspirations. Dans toutes les situations particulières comme à toutes les époques de la vie des sociétés, c'est la meilleure règle de conduite. Aujourd'hui, courbés que nous sommes sous la douleur de la patrie mutilée, c'est le plus impérieux de nos devoirs. Le salut de la France est à ce prix.

LETTRE

aux délégués sénatoriaux du Jura

(20 janvier 1876)

VIVEMENT *sollicité de me porter candidat pour représenter notre département dans les élections sénatoriales, j'ai accepté avec reconnaissance et je viens vous demander votre suffrage.*

Je ne suis point un homme politique.

Je ne suis lié à aucun parti.

N'ayant jamais étudié la politique, j'ignore beaucoup de choses ; mais ce que je sais pertinemment, c'est que j'aime ma Patrie et que je l'ai servie de toutes mes forces : telle est ma profession de foi.

Ce que je sais encore pertinemment, parce que l'expérience et l'observation m'en ont instruit, c'est qu'il n'y a pire chose que l'opposition systématique, celle qui veut améliorer non en maintenant, mais en détruisant.

Je n'entrerai jamais dans des combinaisons ayant pour but de renverser l'ordre de choses établi. La Constitution et les pouvoirs de l'illustre Maréchal sont ma loi : mon dévouement leur est acquis et j'aiderai le pays, comme c'est le devoir de tout bon citoyen, à trouver dans l'expérience sérieuse qu'il fait en ce moment de la République, le relèvement de sa grandeur et de sa prospérité.

Il faut juger les hommes par ce qu'ils ont fait, bien plus que par ce qu'ils promettent de faire quand leur intérêt les pousse en avant. Aussi je prends la liberté de vous adresser trois documents qui vous diront ce que je suis.

Le premier est une brochure que j'ai publiée en 1871, intitulée : Une Correspondance entre un Savant français et un Savant prussien pendant la Guerre.

La deuxième est un discours qui a eu quelque retentissement, prononcé le 8 août 1874, à la distribution des Prix du Collège d'Arbois. Vous comprendrez, en le lisant, dans quel esprit d'indépendance je défendrais la Science et ses vrais principes.

Le troisième est une Notice sur quelques-uns de mes travaux, suivie du texte de la loi du 18 juillet 1874, qui a décerné à ces travaux une récompense nationale.

J'ai la confiance que ce dernier point arrêtera votre attention et que vous tiendrez à honneur, dans l'occasion solennelle qui vous est *offerte, de consacrer le souvenir d'un fait si glorieux pour le département du Jura.*

Vous n'oublierez pas que j'avais été nommé sénateur le 27 juillet 1870 « pour services rendus à la Science », que cette nomination fut sans effet, et qu'elle était si peu politique que la République a honoré ces mêmes services d'une récompense également exceptionnelle.

C'est donc la Science dans sa pureté, sa dignité et son indépendance que je représenterai au Sénat si vous m'honorez de votre suffrage.

Veuillez agréer, mon cher compatriote, l'assurance de mes sentiments les plus distingués.

L. Pasteur,
membre de l'Institut

SCIENCE ET PATRIE

Proclamation
affichée à Lons-le-Saunier, la veille des élections sénatoriales

(29 janvier 1876)

C'est un des grands malheurs de la France qu'il y ait dans nos Assemblées tant d'hommes politiques. La politique, avec ses fatigantes et quotidiennes discussions, semble être notre guide. Vaine apparence! Ce qui nous mène, ce sont quelques découvertes scientifiques et leurs applications. Dans notre siècle, la Science est l'âme de la prospérité des peuples et la source vive de tout progrès. Ignorez-vous donc que, tandis que la politique nous énerve par ses divisions insensées qui font la joie satanique de nos ennemis, la vapeur, la télégraphie et tant d'autres merveilles transforment nos sociétés modernes? Si, dans notre malheureuse France, depuis trente ou quarante ans, les gouvernements et les grands corps de l'État ne s'étaient pas désintéressés des institutions propres à faire fleurir les Sciences, l'Allemagne eût été vaincue dans la dernière guerre.

Permettez-moi de vous rappeler des souvenirs qui vous seront chers; je veux parler des dangers qui menaçaient la France de 1792; ceux-ci parurent un instant au-dessus de tous les efforts. L'Europe entière armée contre nous, un blocus rigoureux sur terre et sur mer; la guerre civile; nos arsenaux vides; une armée insuffisante ou hostile. En 1870, au contraire, toutes les mers ouvertes et une seule nation à combattre.

Pourquoi la France de 1792 a-t-elle vaincu? Pourquoi la France de 1870 a-t-elle succombé? J'entends d'ici votre réponse : « C'est le Gouvernement de 1870 qui nous a livrés à l'Allemagne, c'est la République qui a vaincu en 1792. »

Voilà votre réponse, voici la mienne :

Il n'y a que des esprits superficiels ou qu'aveugle la passion politique qui puissent faire hommage à l'idée républicaine seule de toutes les grandes choses accomplies par la Convention et le Comité de Salut public. L'histoire condamne absolument cette opinion. Le salut de la France a été la conséquence exclusive de sa supériorité scientifique.

Si nous avons été vaincus en 1870, c'est que la prééminence due à la science s'était déplacée au profit de l'Allemagne. Sans rien sacrifier du développement de son agriculture et de son industrie, cette nation rivale a su porter, depuis un demi-siècle, la meilleure part de ses ressources et de sa considération sur les travaux de l'esprit dans ce qu'ils ont de plus désintéressé, à ce point que le nom de l'Allemagne est lié à celui d'Enseignement et d'Universités.

Grâce au progrès des Sciences dans les cinquante années qui précédèrent la Révolution, la France de 1792 multiplia ses forces par le génie de l'invention et vit surgir à point nommé, pour sa défense, des hommes dont on a pu dire qu'ils surent « organiser la victoire ».

Deux membres de l'Institut, Monge et Carnot, aidés par d'éminents collègues, Fourcroy, Guyton de Morveau, Berthollet, furent l'âme de l'immortel ensemble de travaux qui ont permis à la France de 1792 de vaincre l'Europe coalisée :

L'extraction du cuivre et de ses alliages ;

Le perfectionnement de la fabrication de l'acier pour sabres, épées, baïonnettes ;

Le tannage des peaux accéléré pour fournir plus vite des souliers aux soldats ;

Les ballons portant, pour la première fois, à la bataille de Fleurus, un général dans la région des nuages pour suivre les mouvements de l'ennemi ;

Le télégraphe aérien perfectionné ; le salpêtre pour la fabrication de la poudre sortant par des procédés nouveaux des plâtras de démolition ;

Voilà les merveilles que le génie de la science et le patriotisme des savants ont enfantées pendant la Révolution française.

Dites donc à des hommes qui ne seraient que politiques d'en faire autant. Il faut au Sénat

des illustrations scientifiques ; malheur à la France,
malheur au département du Jura en particulier
si la France et le Jura ne savent pas le comprendre !

L. PASTEUR,

membre de l'Institut

LA THÉORIE DES GERMES

ET SES APPLICATIONS A LA MÉDECINE ET A LA CHIRURGIE

lecture faite à l'Académie de médecine

(30 avril 1878)

Les sciences gagnent toutes à se prêter un mutuel appui. Lorsque, à la suite de mes premières communications sur les fermentations, en 1857-1858, on put admettre que les ferments proprement dits sont des êtres vivants, que des germes d'organismes microscopiques abondent à la surface de tous les objets, dans l'atmosphère et dans les eaux, que l'hypothèse d'une génération spontanée est présentement chimérique, que les vins, la bière, le vinaigre, le sang, l'urine et tous les liquides de l'économie n'éprouvent aucune de leurs altérations communes au contact de l'air pur, la médecine et la chirurgie jetèrent les yeux sur ces clartés nouvelles. Un médecin français, le docteur Davaine, fit la première application heureuse de ces principes à la médecine, en 1863.

Nos recherches de l'an dernier ont laissé l'étiologie de la maladie putride ou septicémie beaucoup moins avancée que celle du charbon.

Nous avions rendu très probable que la septicémie relève de la présence et de la multiplication d'un organisme microscopique, mais la
démonstration rigoureuse de cette importante
conclusion n'était pas faite. Pour affirmer expérimentalement qu'un organisme microscopique est
réellement agent de maladie et de contagion, je
ne vois d'autre moyen, dans l'état actuel de la
science, que de soumettre le *microbe* (nouvelle
et heureuse expression proposée par M. Sédillot)
à la méthode des cultures successives en dehors
de l'économie. Notons que par douze cultures,
chacune d'un volume de dix centimètres cubes
seulement, la goutte originelle est diluée autant
que si elle l'avait été dans un volume liquide
égal au volume total de la terre. C'est précisément
le genre d'épreuves auquel nous avons soumis la
bactéridie charbonneuse, M. Joubert et moi. Après
l'avoir cultivée un grand nombre de fois dans un
liquide privé de toute virulence, chaque culture
ayant pour semence une gouttelette de la culture
précédente, nous avons constaté que le produit
de la dernière culture était capable de se multiplier et d'agir dans le corps des animaux en leur
donnant le charbon avec tous les symptômes de
cette affection.

Telle est la preuve, suivant nous indiscutable,
que le charbon est la maladie de la bactéridie.

En ce qui concerne le vibrion septique, nos
recherches n'avaient pas porté aussi loin la conviction. Aussi est-ce à combler cette lacune que

nous nous sommes tout d'abord attachés, à la reprise de nos expériences. Dans ce but nous avons tenté la culture du vibrion septique, prélevé sur un animal mort de septicémie. Chose digne de remarque, toutes nos premières expériences ont échoué, malgré la variété des milieux de culture dont nous nous sommes servis : urine, eau de levure de bière, bouillon de viande, etc.

Nos liquides ne restaient pas inféconds, mais nous obtenions le plus souvent un organisme microscopique n'offrant aucun rapport avec le vibrion septique et ayant la forme, d'ailleurs très commune, de chapelets de petits grains sphériques d'une extrême ténuité et sans virulence d'aucune sorte. C'était une impureté semée à notre insu en même temps que le vibrion septique et dont le germe passait sans doute des intestins, toujours enflammés et distendus chez les animaux septicémiques, dans la sérosité abdominale où nous prenions, à l'origine, la semence du vibrion septique. Si cette hypothèse, au sujet de l'impureté de nos cultures, était fondée, nous devions vraisemblablement obtenir le vibrion septique pur en allant le chercher dans le sang du cœur d'un animal mort récemment de septicémie. C'est ce qui arriva, mais une difficulté nouvelle apparut. Toutes nos cultures devinrent stériles. Bien plus, cette stérilité se joignait à la perte de la virulence de la semence dans le liquide de culture.

L'idée nous vint que le vibrion septique pourrait être un organisme exclusivement anaérobie et que la stérilité de nos liquides ensemencés devait tenir à ce que le vibrion était tué par l'oxygène de l'air en dissolution dans ces liquides. L'Académie se souviendra peut-être que j'ai constaté autrefois des faits du même ordre sur le vibrion de la fermentation butyrique, qui non seulement vit sans air, mais que l'air tue [1].

Il fallait donc essayer de cultiver le vibrion septique dans le vide ou en présence de gaz inertes tels que le gaz acide carbonique. Les faits répondirent à notre attente : le vibrion septique se développe avec facilité dans le vide parfait, avec une facilité non moins grande en présence de l'acide carbonique pur.

Ces résultats avaient un corollaire obligé. En exposant un liquide chargé de vibrions septiques au contact de l'air pur, on devait tuer les vibrions et supprimer toute virulence. C'est ce qui arrive. Qu'on place quelques gouttes de sérosité septique, étalée en très mince épaisseur dans un tube couché horizontalement, et, en moins d'une demi-journée, le liquide deviendra absolument inoffensif, alors même qu'il était, au début, à ce point virulent qu'il entraînait la mort par l'inoculation d'une très minime fraction de goutte.

Il y a plus : tous les vibrions qui remplissent à profusion le liquide sous forme de fils mouvants se détruisent et disparaissent. On ne trouve,

---

(1) Ce vibrion n'est-il pas le même que le septique ? C'est une étude que nous avons commencée.

après l'action de l'air, que de fines granulations amorphes, impropres à toute culture, non moins qu'à la communication d'une maladie quelconque. On dirait que l'air brûle les vibrions.

S'il est terrifiant de penser que la vie puisse être à la merci de la multiplication de ces infiniment petits, il est consolant aussi d'espérer que la science ne restera pas toujours impuissante devant de tels ennemis, lorsqu'on la voit, prenant à peine possession de leur étude, nous apprendre, par exemple, que le simple contact de l'air suffit parfois pour les détruire.

Mais si l'oxygène détruit les vibrions, comment donc la septicémie peut-elle exister, puisque l'air atmosphérique est partout présent? Comment accorder ces faits avec la théorie des germes? Comment du sang, exposé au contact de l'air, peut-il devenir septique par les poussières que l'air renferme?

Tout est caché, obscur, et matière à discussion quand on ignore la cause des phénomènes; tout est clarté quand on la possède. Ce que nous venons de dire n'est vrai que d'un liquide septique chargé de vibrions adultes, en voie de génération par scissiparité; les choses sont différentes quand les vibrions se sont transformés dans leurs germes, c'est-à-dire dans ces corpuscules brillants, décrits et figurés pour la première fois dans mes études sur la maladie des vers à soie, précisément à l'occasion des vibrions des vers morts de la maladie dite *flacherie*. Les vibrions adultes seuls disparaissent, se brûlent et perdent leur virulence au contact de l'air; les corpuscules-germes dans ces conditions se conservent, toujours prêts pour de nouvelles cultures et de nouvelles inoculations.

Tout ceci ne résout pas la difficulté de savoir comment il peut exister des germes septiques à la surface des objets, flottant dans l'air et dans les eaux. Où ces corpuscules peuvent-ils prendre naissance? Eh bien! rien de plus facile que la production de ces germes, malgré la présence de l'air en contact des liquides septiques.

Que l'on prenne de la sérosité abdominale, à vibrions septiques, tous ceux-ci en voie de génération par scission, et qu'on expose ce liquide au contact de l'air comme nous le faisions tout à l'heure, avec la seule précaution toutefois de lui donner une certaine épaisseur, ne fût-elle que de 1 centimètre, et en quelques heures voici l'étrange phénomène auquel on assiste. Dans les couches supérieures, l'oxygène est absorbé, ce que manifeste déjà le changement de couleur du liquide. Là, le vibrion meurt et disparaît. Dans les couches profondes, au contraire, au fond de ce centimètre d'épaisseur du liquide septique que nous supposons mis en expérience, les vibrions, protégés contre l'action de l'oxygène par leurs frères qui périssent au-dessus d'eux, continuent de se multiplier par scission; puis, peu à peu, ils passent à l'état de corpuscules-germes avec résorption du restant du corps du vibrion filiforme. Alors, à la place des fils mouvants de toutes dimensions linéaires, dont la longueur dépasse souvent le champ du microscope, on ne voit plus qu'une poussière de points brillants, isolés ou enveloppés d'une gangue amorphe à peine visible [1]. Et voilà formée, vivant de la vie latente des germes, ne craignant plus l'action destructive de l'oxygène, voilà, dis-je, formée la poussière septique, et nous sommes armés pour l'intelligence de ce qui tout à l'heure nous paraissait si obscur; nous pouvons comprendre l'ensemencement des liquides putrescibles par les poussières de l'atmosphère; nous pouvons comprendre la permanence des maladies putrides à la surface de la terre.

Que l'Académie me permette de ne pas abandonner ces curieux résultats sans faire ressortir une de leurs principales conséquences théoriques. Au début de ces recherches, car elles commencent à peine, quoique déjà un monde nouveau s'y révèle, que doit-on demander avec le plus d'insistance? C'est la preuve péremptoire qu'il existe des maladies transmissibles, contagieuses, infectieuses, dont la cause réside essentiellement et uniquement dans la présence d'organismes micro-

---

(1) Dans notre note du 16 juillet 1877, il est dit que le vibrion septique n'est pas tué par l'oxygène de l'air, ni par l'oxygène à haute tension, qu'il se transforme dans ces conditions en corpuscules-germes. Il y a là une interprétation erronée des faits. Le vibrion est tué par l'oxygène, et ce n'est que quand il est en épaisseur qu'il se transforme, en présence de ce gaz, en corpuscules-germes et que sa virulence peut se perpétuer.

scopiques. C'est la preuve que, pour un certain nombre de maladies, il faut abandonner à tout jamais les idées de virulence spontanée, les idées de contage et d'éléments infectieux naissant tout à coup dans le corps de l'homme et des animaux et propres à donner origine à des maladies qui vont se propager ensuite, sous des formes cependant identiques à elles-mêmes; toutes opinions fatales au progrès médical et qu'ont enfantées les hypothèses gratuites de génération spontanée, de matières albuminoïdes-ferments, d'hémiorganisme, d'archebiosis et tant d'autres conceptions sans fondement dans l'observation.

Ce qu'on doit rechercher, dans l'espèce, c'est la preuve qu'à côté de notre vibrion il n'y a pas une virulence indépendante, propre à des matières liquides ou solides, qu'enfin le vibrion n'est pas seulement un épiphénomène de la maladie dont il est le compagnon obligé. Or, que voyons-nous dans les résultats que je viens de faire connaître? nous voyons un liquide septique, pris à un certain moment, alors que les vibrions ne sont pas encore transformés en germes, perdre toute virulence par le simple contact de l'air, conserver au contraire cette virulence, quoique exposé à l'air, à la seule condition d'avoir été en épaisseur pendant quelques heures. Dans le premier cas, après perte de la virulence au contact de l'air, le liquide est incapable de reprendre celle-ci par la culture; mais dans le second cas il conserve et peut propager de nouveau cette virulence, même après qu'il a été exposé au contact de l'air. Il n'est donc pas possible de soutenir qu'en dehors et à côté du vibrion adulte ou de son germe il y ait une matière virulente propre, liquide ou solide. On ne peut même pas supposer une matière virulente qui perdrait sa virulence juste en même temps que périt le vibrion adulte; car cette prétendue matière devrait également perdre sa virulence lorsque les vibrions transformés en germes sont exposés au contact de l'air. Puisque dans ce cas la virulence persiste, celle-ci ne peut être que le fait de la présence exclusive des corpuscules-germes. Il n'y a qu'une hypothèse possible pour l'existence d'une matière virulente à l'état soluble, c'est qu'une telle matière, qui serait en quantité insuffisante pour tuer dans nos expériences d'inoculation, serait incessamment fournie par le vibrion lui-même pendant qu'il est en voie de propagation dans le corps de l'animal vivant. Mais qu'importe, puisque cette hypothèse suppose l'existence primordiale et nécessaire du vibrion.

Elle a été faite, cette supposition, et pour la confirmer des travaux sans nombre ont été entrepris de l'autre côté du Rhin.

Le docteur Panum, aujourd'hui professeur à Copenhague, et à sa suite un grand nombre de physiologistes allemands, se sont arrêtés à l'idée que la putréfaction développe dans les matières qui s'y trouvent soumises un poison soluble que ni la coction ni une distillation répétée pendant plusieurs heures ne peuvent atteindre dans ses propriétés, pas plus que des réactions chimiques de cet ordre ne sauraient supprimer les effets de la morphine ou de la strychnine. Ce poison chimique est désigné, par le docteur Bergmann et ceux qui l'ont suivi dans cette voie, du nom de sepsine. Nous avons recherché ce poison dans les muscles et dans les liquides du corps des animaux morts de septicémie; nous ne l'y avons pas découvert jusqu'à présent, et nous croyons posséder l'explication des faits observés par les physiologistes allemands. Les détails dans lesquels il faudrait entrer pour en rendre compte m'entraîneraient au delà des bornes obligées de cette communication.

J'ai souvent rappelé devant cette Académie qu'il existe des êtres microscopiques-ferments de propriétés physiologiques diverses, depuis le *mycoderma aceti*, essentiellement aérobie, jusqu'à la levure de bière, qui est à la fois aérobie et anaérobie, et j'ai souvent insisté sur cette circonstance que la vie qui se manifeste, même pendant un temps très court, en dehors de toute participation du gaz oxygène libre, entraîne aussitôt des phénomènes de fermentation.

Nous venons de rencontrer dans le vibrion de la septicémie un microbe exclusivement anaérobie, puisqu'il ne peut se développer que dans le vide ou en présence de gaz inertes. Il doit donc être ferment. C'est ce qui existe. Tant que dure la multiplication du vibrion par scissiparité, sa vie s'accompagne d'un dégagement de gaz acide carbonique, de gaz hydrogène, d'un peu d'azote et de très faibles quantités de gaz putrides. Ces gaz ne cessent de se produire qu'au moment où va s'accomplir la transformation du vibrion en corpuscules-germes.

Ce dégagement gazeux pendant la vie du vibrion explique le ballonnement très rapide des animaux morts de septicémie et l'état emphysémateux du tissu conjonctif, particulièrement en certains points du corps, les aines, les aisselles, où l'inflammation est quelquefois excessive.

Je dois ajouter sans plus tarder que tous les vibrions ne sont pas anaérobies, que l'un des plus communs qu'on trouve fréquemment à la surface des infusions des matières organiques végétales exposées au contact de l'air, vibrion très flexueux et très rapide dans ses mouvements, est exclusivement aérobie. Il absorbe l'oxygène et exhale de l'acide carbonique à très peu près en volume égal, rappelant ainsi la physiologie de la bactéridie charbonneuse. Pressé par le temps, je ne veux que signaler en passant ce vibrion, parce qu'il a été pour nous l'occasion d'observations fort dignes d'intérêt. Ce vibrion est inoffensif. Introduit sous la peau, il n'entraîne que des désordres locaux de peu d'importance. En comparant cette innocuité à la virulence du vibrion septique, on pourrait croire que le mode de vie, si différent pour ces deux vibrions, puisque l'un est aérobie et que l'autre est anaérobie, explique l'opposition de leurs actions sur l'économie. Mais

les effets de la bactéridie charbonneuse qui,
elle aussi, est essentiellement aérobie et néanmoins terrible, ne permettent pas de s'arrêter à
cette supposition. Si ce vibrion aérobie est inoffensif, c'est qu'il ne peut vivre à la température
du corps des animaux. Vers 38° déjà, ses mouvements et sa multiplication sont suspendus, et
une fois inoculé il disparaît sous la peau comme
digéré, si l'on peut ainsi dire.

Les nouveautés scientifiques se heurtent souvent à des préjugés. Qu'importent donc, s'écrient
certaines personnes, vos bactéries et vos vibrions?
Ne voit-on pas ces infiniment petits pulluler partout? Ne les voit-on pas abonder sur les linges
des pansements, recouvrir même les plaies en voie
de guérison? En résulte-t il le moindre danger?
De quels infiniment petits parlez-vous? répon-
drai-je. Nous venons d'avoir la preuve qu'à côté
des vibrions les plus dangereux il en existe de
fort innocents, et certes ces derniers sont loin
d'être les seuls microbes dépourvus de toute virulence.

Conduits par la constatation de la cause de
l'innocuité du vibrion aérobie dont je viens de
parler, à instituer des expériences nombreuses sur
les limites de résistance des êtres microscopiques
à diverses températures, et ayant reconnu que la
bactéridie charbonneuse ne se développe pas, ou
très péniblement, à des températures de 43-44°
dans certains liquides de culture, nous avons
pensé que telle était peut-être l'explication d'un

fait bien connu, quoique fort mystérieux, à savoir
que certains animaux sont réfractaires à la maladie charbonneuse. Il nous avait été impossible,
dans nos expériences de l'an dernier, de donner
le charbon à des poules. La température d'environ 42° de ces gallinacés, jointe à la résistance
vitale, ne s'opposerait-elle pas au développement
de la bactéridie charbonneuse dans le corps de
ces animaux? Si cette conjecture était fondée,
nous devrions pouvoir donner facilement le charbon aux poules en abaissant la température de
leur corps. La réussite de l'expérience fut immédiate. Qu'on inocule une poule avec la bactéridie
charbonneuse et qu'on la place les jambes plon-
gées dans l'eau à 25°, ce qui suffit pour que la
température de tout son corps descende à 37-38°,
température des animaux susceptibles de prendre
le charbon, et en vingt-quatre ou trente heures la
poule meurt, tout son corps envahi par la bactéridie charbonneuse. Certaines expériences inverses
nous ont déjà donné des résultats favorables,
c'est-à-dire qu'en élevant la température d'animaux qui contractent le charbon, nous avons pu
les préserver de cette affreuse maladie, aujour-
d'hui sans remède.

Accroître ou limiter la puissance grandiose
de ces infiniment petits et confondre le mystère
de leur action par un simple changement de température, est un des faits les plus propres à montrer ce qu'on peut attendre des efforts de la

science, même dans l'étude des maladies les plus obscures.

Revenons encore à notre vibrion septique et comparons-le, sous le rapport de la formation de ses germes, à la bactéridie charbonneuse, afin de mieux porter dans les esprits cette conviction que les organismes microscopiques jouissent de propriétés physiologiques variées et qu'il faut s'attendre de leur part à des manifestations morbides très diverses.

Des expériences précises nous ont appris que le vibrion septique, non seulement peut vivre et se multiplier dans le vide le plus parfait comme dans l'acide carbonique le plus pur, mais qu'il y donne ses germes, et que le gaz oxygène libre n'est obligé d'intervenir en quoi que ce soit dans leur formation. Au contraire, la bactéridie charbonneuse, en présence du vide ou de l'acide carbonique, est absolument impropre non seulement à vivre, ceci nous le savons, mais à se transformer en corpuscules-germes. Cette dernière recherche est toutefois des plus délicates. Si peu qu'il reste d'air dans les tubes où l'on fait le vide et où l'on cultive la bactéridie charbonneuse, des corpuscules-germes apparaissent, à tel point que les pompes à mercure les plus parfaites sont souvent insuffisantes à prévenir le phénomène. Nous avons dû combiner l'emploi du vide de ces pompes avec celui de liquides propres à absorber les plus faibles traces d'oxygène, avant de pouvoir nous convaincre que la bactéridie charbonneuse est essentiellement aérobie à toute époque de son existence. Quelle différence donc entre le vibrion septique et cette bactéridie, et n'est-il pas remarquable de voir se multiplier dans l'organisation animale des êtres aussi dissemblables par leur mode de nutrition !

Une autre question non moins intéressante est celle de savoir si les corpuscules-germes du vibrion septique, quoique formés dans le vide ou dans le gaz carbonique pur, n'auraient pas besoin pour renaître à la vie de faibles quantités d'oxygène. La physiologie ne connaît pas aujourd'hui de germination possible hors du contact de l'air. Eh bien ! néanmoins, l'expérience prouve que les germes du vibrion septique sont absolument stériles au contact de l'oxygène, quelle que soit la proportion de ce gaz ; mais c'est à la condition, toutefois, qu'il y ait un certain rapport entre le volume de l'air et le nombre des germes, car les premières germinations, enlevant l'air qui est en dissolution, peuvent devenir une protection pour les germes restants, et c'est ainsi qu'à la rigueur le vibrion septique peut se propager, même en présence de faibles quantités d'air, bien que cette propagation soit irréalisable si l'air afflue.

Une observation thérapeutique curieuse se présente. Que l'on suppose une plaie exposée au contact de l'air et dans des conditions d'état putride pouvant amener chez l'opéré des accidents septicémiques simples, je veux dire sans autre complication que celle qui résulterait du développement du vibrion septique. Eh bien ! théoriquement du moins, le meilleur moyen auquel on pût recourir pour empêcher la mort consisterait à laver sans cesse la plaie avec une eau commune aérée ou faire affluer à sa surface l'air atmosphérique. Les vibrions septiques adultes, en voie de scissiparité, périraient au contact de l'air; quant à leurs germes ils seraient tous stériles. Bien plus, on pourrait faire arriver à la surface de la plaie l'air le plus chargé de germes de vibrions septiques, laver la plaie avec une eau tenant en suspension des milliards de ces germes, sans provoquer pour autant la moindre septicémie chez l'opéré. Mais que, dans de telles conditions, un seul caillot sanguin, un seul fragment de chair morte se loge dans un coin de la plaie à l'abri de l'oxygène de l'air, qu'il y demeure entouré de gaz acide carbonique, ne fût-ce que sur une très faible étendue, et aussitôt les germes septiques donneront lieu, en moins de vingt-quatre heures, à une infinité de vibrions se régénérant par scission, capables d'engendrer une septicémie mortelle à bref délai.

Les nombreuses cultures que nous avons dû faire du vibrion septique nous ont permis de constater des faits curieux touchant l'histoire naturelle des organismes microscopiques.

Un des liquides dont nous nous sommes servis pour la culture du vibrion septique est l'extrait qu'on désigne dans le commerce sous le nom de *bouillon Liebig*, après l'avoir étendu de dix fois son poids d'eau et l'avoir neutralisé ou rendu légèrement alcalin, puis porté à une température de 115° pendant un quart d'heure, de façon à le rendre absolument imputrescible au contact de l'air pur. Nous avons dit que le vibrion septique est formé par de petits fils mouvants. C'est particulièrement l'aspect sous lequel on le rencontre dans la sérosité abdominale ou dans les muscles des animaux morts de septicémie; mais il est souvent associé, et particulièrement dans les muscles, surtout dans les muscles de l'abdomen, à de très petits corps, généralement immobiles, ayant la forme lenticulaire. Ces lentilles, qui portent quelquefois un corpuscule-germe à l'une de leurs extrémités, ont été pour nous pendant longtemps un embarras et un mystère. Nos essais de culture nous ont appris heureusement qu'elles ne sont autre chose qu'une des formes du vibrion septique. Quelquefois la lentille se termine d'un côté par un appendice allongé, prenant ainsi la forme d'un battant de cloche. Nous avons vu également le vibrion septique sous la forme de petits bâtonnets extrêmement courts, dodus ou très grêles; mais ce qui mérite le plus de surprendre, c'est la facilité avec laquelle le vibrion septique peut se reproduire sans manifester le moindre mouvement, facilité jointe à une grande diminution de virulence, bien que celle-ci ne soit pas absente. Pendant longtemps nous avons cru que nous avions affaire à deux ou plusieurs vibrions septiques de formes et de virulences différentes et que par nos cultures nous obtenions des séparations plus ou moins complètes de ces divers vibrions. Il n'en est rien. Nous n'avons rencontré *dans la septicémie proprement dite* qu'un seul vibrion, que les milieux où on le cultive font changer d'aspect, de facilité de propagation et de virulence.

La meilleure preuve que nous n'avons eu, dans nos cultures infiniment répétées, qu'un vibrion unique, c'est que les dernières cultures ont pu être ramenées à leur virulence du début en changeant les liquides de ces cultures. Qu'on fasse reproduire dix, vingt, trente fois de suite le vibrion septique dans du bouillon Liebig et qu'on substitue alors au bouillon du sérum sanguin un peu chargé de coagulums fibrineux, la nouvelle culture fournira un vibrion très septique, tuant par exemple à 1/2000 de goutte, et le sang et la sérosité de l'animal mort acquerront sur-le-champ une virulence infiniment plus grande encore, avec les formes et le mouvement habituels du vibrion septique.

Retenons des faits précédents combien sont prématurées, dans l'état présent de nos connaissances, les classifications et les nomenclatures proposées pour des êtres qui peuvent changer d'aspect et de propriétés autant que nous venons de le dire par les conditions extérieures.

Dans l'étude des êtres microscopiques, toute méthode est précieuse qui peut servir à la séparation des nombreuses espèces dont l'association est si fréquente. Les propriétés des ferments, vivant sans air, nous ont mis tout à l'heure sur la voie d'une de ces méthodes. Je veux parler de la culture dans le vide, opposée à la culture en présence de l'air atmosphérique. Que des germes d'un organisme aérobie se trouvent mêlés à ceux d'un organisme anaérobie, la culture dans le vide permettra de les séparer. Il en sera de même également du mélange des germes d'une espèce tout à la fois aérobie et anaérobie. En appliquant cette méthode, en l'associant à d'autres déjà connues, quelquefois même en profitant d'un hasard heureux, comme on en rencontre toujours dans les recherches de longue haleine, nous avons reconnu que l'atmosphère et les eaux, ces grands réservoirs où aboutissent les débris microscopiques de tout ce qui a vécu, renferment des espèces assez nombreuses d'aérobies et d'anaérobies. Sans entrer dans les détails de nos observations, nous pouvons dire d'une manière générale que l'inoculation de ces organismes amène souvent des désordres mortels, qui paraissent même constituer des affections aussi nouvelles par la spécificité de leur action que par la nature des organismes inoculés. La septicémie, par exemple, qui nous a occupés tout à l'heure, n'est pas la seule. L'air et l'eau renferment les germes d'un vibrion un peu plus gros de diamètre que le vibrion septique, plus rigide, moins flexueux, de mouvements plus lents. Nous décrirons ses effets dans une autre communication.

Les expériences suivantes font connaître encore une autre méthode de séparation des germes microscopiques. Elle rentre par quelques côtés dans celle dont il vient d'être parlé.

Que l'on prenne un morceau de chair d'un poids quelconque : pour fixer les idées, ce sera un gigot de mouton volumineux, et qu'après l'avoir rapidement flambé sur tous les points de sa surface extérieure, on plonge dans l'épaisseur des tissus la lame d'un bistouri également flambé ; que dans la fente ainsi pratiquée on laisse tomber quelques gouttes d'une eau commune ou qu'on y insère une petite bourre de coton qui aura été exposée au courant d'air de la rue ; puis qu'on recouvre le gigot d'une grande cloche de verre ; qu'enfin on fasse la même expérience *à blanc*, c'est-à-dire avec une même masse de chair flambée et quelques gouttes d'eau parfaitement privées de germes vivants, condition facile à réaliser en portant préalablement une eau quelconque à la température de 110 à 120°. Si l'on considère que la chair musculaire absorbe facilement l'oxygène en dégageant un volume à peu près égal d'acide carbonique, on comprendra aisément que nos gouttes d'eau se trouvent comme ensemencées à l'abri de l'air atmosphérique, en présence d'un milieu de culture favorable au développement de certains germes. D'ailleurs, il est facile de remplir les cloches qui recouvrent la chair de gaz acide carbonique pur. Voici ce que l'on constate : en un jour ou deux au plus, à une température comprise entre 30° et 40°, le gigot à eau pure ne montre d'organisme microscopique dans aucune de ses parties; au contraire, celui à eau commune, alors même qu'il n'aurait reçu, par exemple, qu'une goutte d'eau de Seine, à plus forte raison une goutte d'eau d'égout, contient en chaque point de sa masse, et jusque dans tous les points de sa périphérie, des vibrions anaérobies plus ou moins rapides dans leurs mouvements et dans leur propagation.

L'expérience est plus remarquable encore lorsqu'on a déposé en un point central du morceau de chair une goutte de culture d'un vibrion à l'état de pureté, sans mélange d'autres espèces. — Le vibrion septique, entre autres, pénètre et se multiplie avec une si grande facilité, que chaque parcelle microscopique des muscles en offre par myriade ainsi que les corpuscules-germes de ce vibrion. — La chair, dans ces conditions, est toute gangrenée, verte à sa surface, gonflée de gaz, s'écrase facilement en donnant une bouillie sanieuse dégoûtante. Quelle saisissante démonstration, quoique indirecte, de la résistance vitale, ou, pour me servir d'une expression tout à la fois et plus vague et plus claire, de l'influence de la vie pour combattre les conséquences si souvent désastreuses des plaies en chirurgie! Cette eau, cette éponge, cette charpie avec lesquelles vous lavez ou vous recouvrez une plaie y déposent des germes qui, vous le voyez, ont une facilité extrême de propagation dans les tissus et qui entraîneraient infailliblement la mort des opérés dans un temps très court si la vie, dans ces membres, ne s'opposait à la multiplication de ces germes. Mais, hélas ! combien de fois cette résistance vitale est impuissante, combien de fois la constitution du blessé, son affaiblissement, son état moral, les mauvaises conditions du pansement n'opposent qu'une barrière insuffisante à l'envahissement des infiniment petits dont vous l'avez recouvert, à votre insu, dans la partie lésée. Si j'avais l'honneur d'être chirurgien, pénétré comme je le suis des dangers auxquels exposent les germes des microbes répandus à la surface de tous les objets, particulièrement dans les hôpitaux, non seulement je ne me servirais que d'instruments d'une propreté parfaite, mais après avoir nettoyé mes mains avec le plus grand soin et les avoir soumises à un flambage rapide, ce qui n'expose pas à plus d'inconvénients que n'en éprouve le fumeur qui fait passer un charbon ardent d'une main dans l'autre, je n'emploierais que de la charpie, des bandelettes, des éponges préalablement exposées dans un air porté à la température de 130° à 150° ; je n'emploierais jamais qu'une eau qui aurait subi la température de 110° à 120°. Tout cela est très pratique. De cette manière, je n'aurais à craindre que les germes en suspension dans l'air autour du lit du malade ; mais l'observation nous montre chaque jour que le nombre de ces germes est pour ainsi dire insignifiant à côté de ceux qui sont répandus dans les poussières à la surface des objets ou dans les eaux communes les plus limpides. Et d'ailleurs rien ne s'opposerait à l'emploi des procédés antiseptiques de pansement; mais, joints aux précautions que j'indique, ces procédés pourraient être singulièrement simplifiés. Un acide phénique, non concentré, et par conséquent sans inconvénient par sa causticité pour les mains de l'opérateur ou pour sa respiration, pourrait être avantageusement substitué à un acide phénique caustique.

Le sujet qui nous occupe a trop d'importance pour que l'Académie ne m'accorde pas encore quelques minutes d'attention en me permettant de particulariser davantage et de descendre dans des détails plus précis, s'il est possible, sur les dangers de mort à la suite des amputations, ou même à la suite des plus simples blessures, car il y a plusieurs exemples avérés de mort provoquée par une saignée de précaution.

Je parlerai d'un vibrion qui n'a pas encore été signalé et dont les propriétés jettent un nouveau jour sur le grand écueil de la chirurgie, l'infection purulente.

Lorsqu'on prend pour semence d'une culture dans le vide quelques gouttes d'une eau commune, il peut arriver qu'on obtienne un seul organisme, car l'eau commune ne contient souvent que par unité certains germes, lorsqu'on la prend sous un très petit volume et à titre de semence pour une culture déterminée. C'est là encore un précieux moyen de séparation des germes. Afin d'abréger, je ne m'arrêterai pas à la preuve de ces assertions.

Si l'on multiplie des cultures ainsi faites avec
des eaux communes diverses, on rencontre souvent le vibrion dont je veux entretenir l'Académie
et dont voici les principaux caractères [1]. C'est un
être tout à la fois aérobie et anaérobie; en d'autres termes, cultivé au contact de l'air, il absorbe
l'oxygène et rend un volume égal de gaz acide
carbonique sans formation de gaz hydrogène.
Dans ces conditions, il n'est pas ferment. Cultivé,
au contraire, dans le vide ou en présence du gaz
acide carbonique pur, il se multiplie encore, non
sans donner cette fois une véritable fermentation
avec dégagement d'acide carbonique et d'hydrogène, puisque la vie s'effectue sans air. C'est une
confirmation nouvelle de notre principe : *la fermentation accompagne la vie sans air,* ce principe qui, j'en suis persuadé, dominera un jour
nos connaissances sur la physiologie de la cellule.

Dans les premières heures du développement
dont la rapidité, principalement au contact de
l'air, est considérable, il est sous la forme de
petits boudins très courts, tournoyant sur eux-
mêmes, pirouettant, s'avançant en se dandinant,
d'un état mou, gélatineux, flexueux, qui saute aux
yeux malgré le peu de longueur des individus.

---

[1] En ce moment, avec l'eau qui alimente mon laboratoire,
50 fois sur 100, en quelque sorte, on obtient ce résultat.

Bientôt tout mouvement s'arrête, et alors il ressemble absolument au *bacterium termo*, comme celui-ci légèrement étranglé dans sa longueur, quoique spécifiquement très différent de ce *bacterium*. Vient-on à inoculer quelques gouttes d'une culture de cet organisme sous la peau d'un cochon d'Inde ou d'un lapin, du pus commence à se former et devient visible déjà après un intervalle de quelques heures. Les jours suivants, un abcès se forme, et dans cet abcès une grande abondance de pus. Ceci, dira-t-on, n'a rien qui doive surprendre, puisqu'il est avéré dans l'état de nos connaissances qu'un objet solide quelconque, des particules de charbon, le fragment de laine que la balle pousse devant elle, font naître du pus.

J'ajouterai même que ces dernières expériences ont été réalisées par nous, avec des matières préalablement chauffées et ne contenant pas de germes microscopiques. Mais l'activité de notre microbe, considéré comme générateur de pus, lors même qu'il devait cette propriété à son seul titre de corps solide, est augmentée sensiblement par le fait de sa multiplication possible dans le corps des animaux.

Pour s'en convaincre, il suffit de faire l'expérience suivante : on partage en deux moitiés une culture de cet organisme; l'une est chauffée à une température de 100° ou 110°, qui tue le microbe, sans altérer en quoi que ce soit ni sa forme ni son volume; puis on inocule séparément, à deux animaux semblables, des portions égales de la moitié chauffée et de la moitié non chauffée. On constate alors aisément que celle-ci donne beaucoup plus de pus que la première, qui en fournit cependant à la manière de tout corps solide inerte. Ajoutons que, si l'on ensemence séparément les pus formés sur les deux animaux vivants, celui qui provient de l'animal qui a reçu les organismes chauffés est absolument stérile, tandis que le pus de l'animal qui a reçu les organismes non chauffés reproduit facilement et en abondance ce même organisme.

Dans tous les cas, voici un nouvel organisme microscopique pouvant vivre dans le corps des animaux. Nous connaissons la bactéridie charbonneuse et le vibrion septique, agents de contagion, de maladie et de mort, non parce qu'ils fabriquent des poisons chimiques, mais parce que l'économie animale peut leur servir de milieu de culture. Nous avons maintenant une troisième espèce également capable de se multiplier dans le corps vivant et d'y provoquer un état pathologique différent, comme on vient de le voir, des manifestations morbides qui naissent à la suite de l'inoculation de la bactéridie charbonneuse ou du vibrion septique. C'est là une preuve que le pus formé par notre organisme est lié à la spécificité de sa structure. La quantité de pus, par exemple, que fournissent la bactéridie et le vibrion septique, au point d'inoculation et ailleurs, est si peu sensible qu'elle passe souvent inaperçue.

Notre nouveau microbe inoculé sous la peau y reste-t-il confiné dans tous les cas? ne peut-il, à l'exemple de la bactéridie ou du vibrion septique, se répandre dans le corps après qu'il a été introduit sous la peau? L'expérience répond affirmativement. Le microbe, dont il s'agit, peut se propager dans tous les muscles, pénétrer dans le sang, dans le poumon et dans le foie, et déterminer dans ces organes la formation de foyers purulents, d'abcès métastatiques, en un mot l'infection purulente et la mort. Cet envahissement de tout le corps est néanmoins beaucoup plus difficile que par la bactéridie charbonneuse ou par le vibrion septique. Tandis que l'inoculation des plus petites quantités de ces derniers organismes amène pour ainsi dire infailliblement la mort, celle de notre microbe, pour des proportions équivalentes, se borne à la production d'abcès qui guérissent, soit parce qu'ils s'ouvrent d'eux-mêmes et suppurent, soit parce que le pus se résorbe et que le microbe qui l'accompagne disparaît, vaincu par ce que j'appelais tout à l'heure la vie, la résistance vitale, la *natura medicatrix*. Cependant, si l'on exagère par le nombre des inoculations le nombre des abcès, il arrive fréquemment que la guérison de ces derniers ne peut s'effectuer, et c'est alors que le microbe pénètre partout et que les muscles et le foie en sont comme imprégnés.

Nous avons dit que ce nouvel organisme préalablement porté à une température de 100° ou 110° et tout à fait privé de vie, quoique gardant sa forme et son volume, provoque, quand on l'inocule sous la peau, et à la manière des corps solides inertes, des abcès formés par un pus tout à fait pur, sans odeur, privé d'organismes vivants microscopiques. Ce mode d'inoculation ne nous a pas permis encore de faire naître des abcès dans les viscères. Dans ces conditions, le microbe tué n'a agi que localement. Mais de même qu'en injectant directement, dans le sang, des corps inertes, on peut provoquer la formation d'abcès métastatiques, de même il est facile d'obtenir de tels abcès, soit par le microbe vivant, soit par le microbe mort, en faisant pénétrer les matières par la veine jugulaire. Dans ce cas, le poumon et particulièrement le foie, se remplissent en vingt-quatre heures d'une multitude infinie d'abcès métastatiques à tous les états de leur évolution, depuis la tache simplement inflammatoire jusqu'à la petite pustule blanche remplie de pus, entourée d'une auréole rougeâtre; mais sous le rapport de la guérison, c'est-à-dire de la disparition des abcès, les choses se passent autrement dans les deux sortes d'inoculation. Souvent l'animal inoculé par le microbe vivant meurt rapidement, et une partie pour ainsi dire quelconque du foie ou du poumon ensemencée dans un liquide inerte reproduit le microbe. Si les suites de l'inoculation ne sont pas mortelles, la disparition des abcès et du microbe dans les viscères est plus lente que dans le cas où on a inoculé le microbe mort.

Mais il faut retenir des essais précédents que le pus accompagné d'êtres vivants microscopiques dont la vie est possible dans l'économie animale amène des désordres plus grands et des résorptions plus difficiles que le pus qu'on peut appeler pur.

Nous avons donc ici l'exemple d'infection purulente localisée dans les viscères et provoquée par des corps étrangers ou du pus entièrement privé d'organismes vivants. C'est le cas de l'épine de Van Helmont. Un corps étranger amène la formation du pus; les globules du pus eux-mêmes ont cette faculté, et c'est ainsi qu'il est vrai de dire métaphoriquement que le pus engendre le pus.

Si j'en avais le temps, je m'arrêterais à décrire la résorption des abcès métastatiques. C'est un phénomène curieux à suivre dans ses détails, et ce qui est particulièrement intéressant à observer, c'est la facilité avec laquelle la nature, prenant le dessus, se débarrasse de foyers purulents qui recouvrent quelquefois à profusion tous les lobes du foie.

Il y a un autre point de nos études dont j'aurais désiré entretenir l'Académie, je veux parler de la formation même du pus. Mais nous arrivons à des résultats si opposés à ceux qui ont cours dans la science, et il est si difficile de conclure dans ces très délicates recherches, que je dois remettre ce soin à une communication ultérieure. Pour nous, présentement, ce seraient

les globules rouges du sang qui feraient les globules de pus par une transformation pure et
simple des premiers dans les seconds. Mais dans
les sciences dites d'observation, l'illusion est si
facile, quand on ne s'appuie que sur l'observation !

J'ai hâte d'arriver à un autre ordre de faits
qui mérite, plus encore que ce qui précède, l'attention du chirurgien, je veux parler des effets de
notre microbe générateur de pus quand il est
associé au vibrion septique. Rien de plus facile
alors que de superposer en quelque sorte deux
maladies distinctes, et de produire ce qu'on pourrait appeler une infection purulente septicémique
ou une septicémie purulente. Tandis que le microbe générateur de pus forme, lorsqu'il est seul,
un pus lié, blanc, à peine teinté de jaune ou de
bleuâtre, nullement putride, diffus ou enveloppé
de ce qu'on a appelé une membrane pyogénique,
n'offrant le plus souvent aucun danger, surtout
s'il est localisé dans le tissu cellulaire, prêt enfin,
si l'on peut ainsi dire, pour une résorption
prompte, le moindre abcès, au contraire, que
détermine ce microbe, quand il est associé au
vibrion septique, prend un aspect blafard, gan-
greneux, putride, verdâtre, infiltré dans des chairs
ramollies. Dans ce cas, le microbe générateur de
pus, porté, pour ainsi dire, par le vibrion septique, accompagne ce dernier dans tout le corps ;
les muscles, très enflammés, pleins de sérosité,
montrant même un peu partout des globules de
pus, sont comme pétris des deux organismes.

Par un artifice analogue, on peut combiner les effets de la bactéridie charbonneuse et du microbe générateur de pus, et obtenir également la superposition de deux maladies, c'est-à-dire un charbon purulent ou une infection purulente charbonneuse. Toutefois, il ne faut pas exagérer la prédominance de l'action du microbe nouveau sur celle de la bactéridie ; si le microbe est associé à celle-ci en suffisante proportion, il peut l'étouffer complètement, c'est-à-dire empêcher qu'elle ne se multiplie dans le corps. Le charbon n'apparaît pas, et le mal, tout local, se réduit à la formation d'un abcès dont la guérison est facile. Le microbe générateur de pus et le vibrion septique étant tous deux anaérobies, d'après nos démonstrations de tout à l'heure, on comprend que le septique ne soit pas beaucoup gêné par son voisin. Les aliments nutritifs, liquides ou solides, ne manquent guère dans l'organisme pour de si petits êtres. Mais la bactéridie charbonneuse est exclusivement aérobie, et la proportion d'oxygène est loin d'être répandue à profusion en tous les points du corps ; du moins, mille circonstances peuvent la diminuer ou la supprimer, ici ou là, et comme le microbe générateur de pus est également un être aérobie, on comprend que par sa quantité un peu exagérée à côté de la bactéridie, il puisse enlever facilement à celle-ci l'oxygène qui lui est nécessaire. Peu importe d'ailleurs l'explication du fait ; il est certain que le microbe dont il s'agit empêche, en certaines circonstances, tout déve-

loppement de la bactéridie. L'an dernier déjà
nous avions rencontré un fait de tout point semblable à celui-ci.

En résumé, on voit par les détails qui précè-
dent que l'on peut produire à volonté des infections purulentes exemptes de tout élément putride,
des infections purulentes putrides, des infections
purulentes charbonneuses, des combinaisons va-
riables de ces sortes de lésions, selon les proportions des microbes spécifiques que l'on fait agir
sur l'organisme vivant.

Tels sont les principaux faits que j'avais à
communiquer à l'Académie, en mon nom et au
nom de mes collaborateurs, MM. Joubert et
Chamberland.

L'Académie se souviendra qu'au cours de la
discussion chirurgicale pendante devant elle, j'ai
présenté une série de propositions sans les
démontrer. Toutes ces propositions se trouvent
établies dans la lecture que je viens de faire.

Il y a quelques semaines (séance du 11 mars
dernier), un des membres de la section de médecine et de chirurgie de l'Académie des sciences,
M. Sédillot, après avoir longuement médité sur
les enseignements d'une brillante carrière, n'hési-
tait pas à déclarer que les succès comme les revers
en chirurgie trouvaient une explication rationnelle
dans les principes sur lesquels repose la théorie
dite des germes, et que celle-ci donnerait lieu à
une chirurgie nouvelle, déjà inaugurée par un
célèbre chirurgien anglais, le docteur Lister qui,

un des premiers, en a compris la fécondité. Sans aucune compétence professionnelle, mais avec la conviction de l'expérimentateur autorisé, j'oserais répéter ici les paroles de notre éminent confrère.

COMPTE RENDU

A L'ACADÉMIE DES SCIENCES

des expériences faites à Pouilly-le-Fort près Melun
sur la vaccination charbonneuse
avec la collaboration de MM. Chamberland et Roux

(13 juin 1881)

DANS une lecture que j'ai faite à l'Académie, le 28 février dernier, qui avait pour objet la découverte d'une méthode de préparation des virus atténués du *charbon*, je m'exprimais ainsi, en mon nom et au nom de mes jeunes collaborateurs :

Chacun de nos microbes charbonneux atténués constitue pour le microbe supérieur un *vaccin*, c'est-à-dire un virus propre à donner une maladie plus bénigne. Quoi de plus facile, dès lors, que de trouver dans ces virus successifs des virus propres à donner la *fièvre charbonneuse* aux moutons, aux vaches, aux chevaux, sans les faire périr et pouvant les préserver ultérieurement de la maladie mortelle ? Nous avons pratiqué cette opération avec un grand succès sur les moutons. Dès qu'arrivera l'époque du parcage des troupeaux dans la Beauce, nous en tenterons l'application sur une grande échelle.

L'affection charbonneuse fait perdre chaque année tant de millions à la France, il serait si désirable de pouvoir en préserver les espèces ovine, bovine, chevaline, que l'occasion d'une application de la méthode de vaccination dont je parle s'est offerte à nous presque immédiatement, sans que nous ayons eu à attendre l'époque du parcage des moutons.

Dès le mois d'avril dernier, la Société d'Agriculture de Melun, par l'organe de son président, M. le baron de la Rochette, me proposa de se rendre compte par une expérience décisive des résultats que je venais d'annoncer à l'Académie. Je m'empressai d'accepter, et le 28 avril il fut convenu et affirmé ce qui suit :

1° La Société d'Agriculture de Melun met à la disposition de M. Pasteur soixante moutons.

2° Dix de ces moutons ne subiront aucun traitement.

3° Vingt-cinq de ces moutons subiront deux inoculations vaccinales, à douze ou quinze jours d'intervalle, par deux virus charbonneux inégalement atténués.

4° Ces vingt-cinq moutons seront, en même temps que les vingt-cinq restants, inoculés par le charbon très virulent, après un nouvel intervalle de douze ou quinze jours.

Les vingt-cinq moutons non vaccinés périront tous ; les vingt-cinq vaccinés résisteront, et on les comparera ultérieurement avec les dix moutons réservés ci-dessus, afin de montrer que les vaccinations n'empêchent pas les moutons de revenir à un état normal.

5° Après l'inoculation générale du virus très virulent aux deux lots de vingt-cinq moutons vaccinés et non vaccinés, les cinquante moutons resteront réunis dans la même étable; on distinguera une des séries de l'autre en faisant, avec un emporte-pièce, un trou à l'oreille des vingt-cinq moutons vaccinés.

6° Tous les moutons qui mourront charbonneux seront enfouis un à un dans des fosses distinctes, voisines les unes des autres, situées dans un enclos palissadé.

7° Au mois de mai 1882, on fera parquer dans l'enclos dont il vient d'être question vingt-cinq moutons neufs, n'ayant jamais servi à des expériences, afin de prouver que les moutons neufs se contagionneront spontanément par les germes charbonneux qui auront été ramenés à la surface du sol par les vers de terre.

8° Vingt-cinq autres moutons neufs seront parqués tout à côté de l'enclos précédent, à quelques mètres de distance, là où l'on n'aura jamais enfoui d'animaux charbonneux, afin de montrer qu'aucun d'entre eux ne mourra du charbon.

Addition à la convention-programme précédente

M. le Président de la Société d'Agriculture de Melun ayant exprimé le désir que ces expériences pussent être étendues à des vaches, j'ai répondu que nous étions prêts à le faire, en avertissant toutefois la Société que, jusqu'à présent, les épreuves de vaccination sur les vaches n'étaient pas aussi avancées que celles sur les moutons, qu'en conséquence il pourrait arriver que les résultats ne fussent pas aussi manifestement probants que sur les moutons. Dans tous les cas, j'exprimais ma reconnaissance à la Société de Melun de vouloir bien mettre dix vaches à notre disposition, que six seraient vaccinées et quatre non vaccinées, qu'après la vaccination les dix vaches recevraient en même temps que les cinquante moutons l'inoculation du virus très virulent. J'affirmais d'autre part que les six vaches vaccinées ne seraient pas malades, tandis que les quatre non vaccinées périraient en totalité ou en partie, ou du moins seraient toutes très malades.

Ce programme, j'en conviens, avait des hardiesses de prophétie qu'un éclatant succès pouvait seul faire excuser. Plusieurs personnes eurent l'obligeance de m'en faire la remarque, non sans y mêler quelque reproche d'imprudence scientifique. Toutefois, l'Académie doit comprendre que nous n'avions pas libellé un tel programme sans avoir de solides appuis dans des expériences préalables, bien qu'aucune de ces dernières n'eût l'ampleur de celle qui se préparait. Le hasard, d'ailleurs, favorise les esprits préparés, et c'est dans ce sens, je crois, qu'il faut entendre la parole inspirée du poète : *Audentes fortuna juvat.*

Les expériences ont commencé le 5 mai, dans la commune de Pouilly-le-Fort, près Melun, dans une ferme appartenant à M. Rossignol.

Sur le désir de la Société d'Agriculture, qui avait pris l'initiative des essais, on convint de remplacer deux moutons par deux chèvres, et, comme aucune condition quelconque d'âge ou de race n'avait été fixée par nous, les cinquante-huit moutons étaient d'âge, de race et de sexe différents. Sur les dix animaux de l'espèce bovine, il y avait huit vaches, un bœuf et un taureau.

Le 5 mai 1881, on inocula, au moyen d'une seringue de Pravaz, vingt-quatre moutons, une chèvre et six vaches, chaque animal par cinq gouttes, d'une culture d'un virus charbonneux atténué. Le 17 mai, on réinocula ces vingt-quatre moutons, la chèvre et les six vaches par un second virus charbonneux également atténué, mais plus virulent que le précédent.

Le 31 mai, on procéda à l'inoculation très virulente qui devait juger de l'efficacité des inoculations préventives des 5 et 17 mai. A cet effet, on inocula d'une part les trente et un animaux précédents, vaccinés, et d'autre part vingt-quatre moutons, une chèvre et quatre vaches. Aucun de ces derniers animaux n'avait subi de traitement préalable.

Le virus très virulent qui servit le 31 mai était régénéré des corpuscules-germes du parasite charbonneux conservé dans mon laboratoire depuis le 21 mars 1877.

Afin de rendre les expériences plus comparatives, on inocula alternativement un animal vacciné et un animal non vacciné. L'opération faite, rendez-vous fut pris, par toutes les personnes présentes, pour le jeudi 2 juin, par conséquent après quarante-huit heures seulement depuis le moment de l'inoculation virulente générale.

A l'arrivée des visiteurs, le 2 juin, les résultats émerveillèrent l'assistance. Les vingt-quatre moutons et la chèvre qui avaient reçu les virus atténués, ainsi que les six vaches, avaient toutes les apparences de la santé; au contraire, vingt et un moutons et la chèvre, qui n'avaient pas été vaccinés, étaient déjà morts charbonneux; deux autres, des moutons non vaccinés, moururent sous les yeux des spectateurs, et le dernier de la série s'éteignit à la fin du jour.

Les vaches non vaccinées n'étaient pas mortes. Nous avons déjà prouvé antérieurement que les vaches étaient moins sujettes que les moutons à mourir du charbon; mais toutes avaient des œdèmes volumineux autour du point d'inoculation, derrière l'épaule. Certains de ces œdèmes ont pris, les jours suivants, de telles dimensions, qu'ils contenaient plusieurs litres de liquides, déformaient l'animal : l'un d'eux même touchait presque à terre. La température de ces vaches s'éleva de 3°. Les vaches vaccinées n'éprouvèrent ni élévation de température, ni tumeur, pas la moindre inappétence, ce qui rend le succès des épreuves tout aussi complet pour les vaches que pour les moutons.

Le vendredi 3 juin, une des brebis vaccinées mourut. L'autopsie en fut faite le jour même par M. Rossignol et par M. Garrouste, vétérinaire militaire. La brebis fut trouvée pleine, à terme, et l'agneau mort dans la matrice depuis douze à quinze jours. L'opinion des vétérinaires qui ont fait l'autopsie est que la mort de cette brebis devait être attribuée à la mort du fœtus.

Les expériences dont je viens de présenter un compte rendu sommaire ont excité la plus vive curiosité dans le département de Seine-et-Marne et dans les départements voisins. Elles ont eu pour témoins plusieurs centaines de personnes, parmi lesquelles je citerai le président de la Société d'Agriculture de Melun, M. de la Rochette; M. Tisserand, directeur de l'Agriculture; le préfet de Seine-et-Marne, M. Patinot; un des Sénateurs du département, M. Foucher de Careil, président du Conseil Général; M. Bouley, membre de cette Académie; le Maire de Melun, M. Marc de Haut, président, et M. Decauville, vice-président du Comice de Seine-et-Marne; plusieurs Conseillers généraux ; tous les grands cultivateurs de la contrée; M. Gassend, directeur de la Station agronomique de Seine-et-Marne; M. le Dr Rémilly, président et M. Pigeon, vice-président de la Société d'Agriculture de Seine-et-Oise; M. de Blowitz,

correspondant du *Times*; les chirurgiens et vétérinaires militaires en garnison à Melun ; enfin, un
grand nombre de vétérinaires civils, parmi lesquels je nommerai, outre M. Rossignol, de Melun,
MM. Garnier et Percheron, de Paris; Nocart,
d'Alfort; Verrier, de Provins ; Biot et Grand, de la
Société médicale de l'Yonne; Thierry, de Tonnerre;
Butel, de Meaux; Borgnon, de Couilly; Caffin, de
Pontoise; Bouchet, de Milly ; Pion, de Grignon;
Mollereau, de Charenton ; Cagnat, de Saint-Denis,
etc.

Je ne cacherai pas que j'éprouve ici une vive
satisfaction à donner les noms des vétérinaires
que le désir de connaître la vérité appela à
Pouilly-le-Fort, dans la ferme de leur confrère,
M. Rossignol. Le plus grand nombre d'entre eux,
sinon tous, avaient accueilli avec incrédulité l'annonce des résultats de notre programme. Dans
leurs conversations, dans leurs journaux, ils se
montraient fort éloignés d'accepter comme vraie
la préparation artificielle des virus-vaccins du
choléra des poules et de l'affection charbonneuse.
Ce sont aujourd'hui les plus fervents apôtres de
la nouvelle doctrine. La confiance de l'un d'eux,
le plus sceptique au début, allait jusqu'à vouloir se
faire vacciner. C'est d'un bon augure. Ils devien-
dront les propagateurs de la vaccination charbonneuse. Notre concours leur est acquis, il importe
essentiellement que les cultures vaccinales soient,
pour un temps du moins, préparées et contrôlées
dans mon laboratoire. Une mauvaise application

de la méthode pourrait compromettre l'avenir d'une pratique qui est appelée à rendre de grands services à l'agriculture.

En résumé, nous possédons maintenant des virus-vaccins du charbon, capables de préserver de la maladie mortelle, sans jamais être eux-mêmes mortels, vaccins vivants, cultivables à volonté, transportables partout sans altération, préparés enfin par une méthode qu'on peut croire susceptible de généralisation, puisque, une première fois, elle a servi à trouver le vaccin du choléra des poules. Par le caractère des conditions que j'énumère ici, et à n'envisager les choses que du point de vue scientifique, la découverte des vaccins charbonneux constitue un progrès sensible sur le vaccin jennérien, puisque ce dernier n'a jamais été obtenu expérimentalement.

LETTRE

écrite à ses enfants au sujet de l'expérience de Pouilly-le-Fort
sur la vaccination charbonneuse

(2 juin 1881)

Nous *sommes à jeudi seulement et voilà que je pense à vous écrire. C'est qu'il y a déjà un grand résultat acquis, qu'une dépêche venant de Melun m'annonce à l'instant. Mardi dernier, 31 mai, nous avons inoculé tous les moutons, les vaccinés et les non-vaccinés, par le charbon très virulent. Il n'y a pas quarante-huit heures. Or la dépêche annonce que, quand nous arriverons aujourd'hui, à deux heures, tous les non-vaccinés seront morts. Ce matin, 18 étaient déjà morts et les autres mourants. Quant aux vaccinés, tous sont debout. La dépêche se termine par ces mots :* Succès épatant. *Elle est du vété-rinaire, M. Rossignol.*

C'est trop tôt encore pour juger en dernier ressort. Les vaccinés pourraient tomber malades. Mais quand je vous écrirai dimanche, si tout va bien, on pourra assurer qu'ils conserveront désor-mais leur bonne santé et que le succès, en effet, aura été éclatant. Mardi dernier nous avons eu un avant-goût des résultats définitifs. Samedi et dimanche on avait distrait des deux séries des 25 vaccinés et des 25 non-vaccinés, 2 moutons, dans chacune des séries et on les avait inoculés par le virus très virulent. Or, à l'arrivée de tous les visiteurs, mardi, au nombre desquels se trouvaient M. Tisserand, M. Patinot, préfet de Seine-et-Marne, M. Foucher de Careil, sénateur, nous avons trouvé morts les deux non-vaccinés, et bien portants les deux vaccinés. Je me suis alors adressé à l'un des vétérinaires présents : « N'ai-je pas lu dans un journal sous votre signature, au sujet du petit organisme virulent de la salive : Allons! encore un microbe. Quand nous serons à cent, nous ferons une croix. — C'est vrai, répondit-il aussitôt, avec bonne foi. Mais je suis un pécheur converti et repentant. — Eh bien ! ai-je répliqué, laissez-moi vous rappeler la parole de l'Évangile : Il y aura plus de joie au ciel pour un pécheur converti qui aura fait pénitence que pour quatre-vingt-dix-neuf justes. » Un autre des vétérinaires présents m'a dit : « Je vous en amènerai un autre, M. Colin — Vous vous trompez, lui ai-je répondu. Celui-là contredit pour contredire et ne croit pas, parce qu'il ne veut pas croire. Il faudrait guérir une névrose et vous n'y parviendrez pas. »

La joie est au laboratoire et à la maison. Réjouissez-vous, mes chers enfants.

DISCOURS

prononcé à l'Académie française
en venant prendre séance à la place de Littré

(27 avril 1882)

MESSIEURS,

Au moment où je me présente devant cette illustre assemblée, je sens renaître l'émotion qui s'est emparée de moi le jour où j'ai sollicité vos suffrages. Le sentiment de ce qui me manque me saisit de nouveau, et je serais confus de me trouver à cette place si je n'avais le devoir de reporter à la science elle-même l'honneur, pour ainsi dire, impersonnel dont vous m'avez comblé.

La science enfante chaque jour des prodiges. Vous avez voulu témoigner une fois de plus de l'impression profonde que le monde, les habitudes de la vie, les lettres à leur tour reçoivent de tant de découvertes accumulées. Si vous avez daigné jeter les yeux sur moi, la nature de mes travaux a sans doute parlé en ma faveur. Par quelques points ils intéressent les manifestations de la vie.

En prouvant que, jusqu'à ce jour, la vie ne s'est jamais montrée à l'homme comme un produit des forces qui régissent la matière, j'ai pu servir la doctrine spiritualiste, fort délaissée ailleurs, mais assurée du moins de trouver dans vos rangs un glorieux refuge.

Peut-être aussi m'avez-vous su gré d'avoir apporté, dans cette question ardue de l'origine des infiniment petits, une rigueur expérimentale qui a fini par lasser la contradiction. Reportons-en toutefois le mérite à l'application sévère des règles de la méthode que nous ont léguée les grands expérimentateurs : Galilée, Pascal, Newton et leurs émules depuis deux siècles. Admirable et souveraine méthode, qui a pour guide et pour contrôle incessant l'observation et l'expérience, dégagées, comme la raison qui les met en œuvre, de tout préjugé métaphysique; méthode si féconde que des intelligences supérieures, éblouies par les conquêtes que lui doit l'esprit humain, ont cru qu'elle pouvait résoudre tous les problèmes. L'homme vénéré dont j'ai à vous entretenir partagea cette illusion.

J'ai tant à louer, et de tant de côtés, dans cette belle vie de M. Littré, que vous excuserez ma sincérité si je commence son éloge en marquant mon dissentiment avec ses opinions philosophiques.

Emile Littré avait onze ans quand son père, employé des droits réunis, obtint un avancement modeste qui le fixa à Paris. Il fit aussitôt suivre à

son fils les cours du lycée Louis-le-Grand, où
M. Littré fut promptement le premier de sa classe,
quoiqu'il eût des rivaux dont plusieurs sont devenus célèbres.

M. Littré se plaisait à reporter à son père la
meilleure part de ses succès. C'était un de ces
fonctionnaires comme nos grandes administra-
tions en offrent plus d'un exemple, qui, bien au-
dessus de la situation qu'ils occupent, n'ont pu,
par la faute des circonstances, « remplir tout leur
mérite ». Souvent, par une compensation de la
destinée, ces hommes inconnus préparent à leurs
fils une vie glorieuse.

A peine libre de son travail de bureau, le
père de M. Littré se faisait le répétiteur assidu de
son fils. Pour lui venir en aide il avait appris le
grec et plus tard même il étudia le sanscrit ; il
avait laissé à tous ceux qui l'approchaient un si
vivant souvenir que M. Barthélemy Saint-Hilaire,
ami de ses enfants, lui dédia la *Politique*, d'Aristote. Les termes de cette dédicace donnent, du
père de M. Littré, de son caractère, de son patriotisme, de ses aptitudes philologiques, une idée
telle qu'on serait tenté de croire que l'âme du
père avait seule façonné celle du fils.

On se tromperait. M. Littré tenait peut-être
plus encore de sa mère. Femme sans culture, elle
avait une grande énergie morale, un profond sentiment de la justice, une ardeur extraordinaire
pour les principes et les idées généreuses nées de
la Révolution. C'était une Romaine, dit Sainte-

Beuve. Fière de son fils, ambitieuse pour lui, elle l'entretenait avec orgueil dans des sentiments de respect et de fidélité aux institutions républicaines.

Tel est le milieu où fut élevé M. Littré, et qui eut sur son caractère, naturellement docile, bon et reconnaissant, la plus grande influence.

En quittant le lycée, M. Littré sur la recommandation du proviseur, entra comme secrétaire chez le comte Daru, qui terminait alors sa grande *Histoire de la République de Venise.* Le jeune secrétaire devint peu à peu l'ami et l'habitué d'une maison où l'on appréciait sa douceur obligeante, son goût pour le travail et ses connaissances, déjà si grandes, qu'outre le latin et le grec, il savait l'anglais, l'allemand et l'italien. Il se donnait même la fantaisie de composer des vers dans ces diverses langues.

« Votre fils, écrivit un jour le comte Daru au père de M. Littré, vaut mieux que ce que je lui fais faire. Donnez-lui une carrière. Quelle qu'elle soit, il y réussira. Comptez du reste sur moi en toute occasion. »

M. Littré se décida pour la médecine. A vingt-six ans, il terminait les études de l'internat des hôpitaux et il était prêt à passer l'examen de docteur quand son père mourut. Ce fut un coup désastreux pour la famille, devenue pauvre. Comment subvenir aux frais qu'allaient exiger les examens et aux premières dépenses d'une installation de médecin ?

Le docteur Rayer avait remarqué depuis longtemps cet étudiant silencieux parmi les élèves les plus assidus à sa clinique de la Charité ; il devina la situation embarrassée du jeune interne et lui fit des offres de services que renouvela le libraire Hachette, ami de collège de M. Littré.

« Je n'eus pas, dit M. Littré, la hardiesse de grever mon présent en essayant de m'établir médecin. » Quelque insistance qu'on fît auprès de lui, il s'obstina dans son refus et se mit courageusement à gagner sa vie et celle de sa mère en donnant des leçons de langues étrangères, de mathémathiques même, car, avant d'entrer chez le comte Daru, il avait eu un instant l'idée de se préparer aux examens de l'Ecole polytechnique.

« Au commencement de l'année 1831, la bise était venue, c'est M. Littré lui-même qui parle, je me trouvais fort dépourvu et je cherchais des occupations. Le docteur Campaignac, un de mes camarades d'études médicales, qui était médecin d'Armand Carrel, me recommanda à lui. Carrel me fit entrer dans la rédaction du *National*. » Chargé du rôle modeste de traducteur des journaux allemands et anglais, M. Littré resta dans cette situation pendant plus de trois années, sans rien faire pour en sortir. « J'étais heureux, dit-il, j'avais libres les matinées que j'employais à suivre l'hôpital et je passais mes soirées dans d'autres études diverses. »

Le hasard porte quelquefois en avant ceux que la modestie retient en arrière. Le beau discours sur la philosophie naturelle de William Herschell, fils de l'illustre astronome de ce nom, venait de paraître. M. Littré, dans le *National* du 14 février 1835, en fit une analyse témoignant d'une science et d'une pénétration si profondes qu'Armand Carrel, enfermé alors à Sainte-Pélagie pour délit politique, écrivit à la mère de M. Littré une lettre remplie d'affection et d'éloges pour son fils. « C'est à vous, madame, disait-il, que je veux faire compliment de l'admirable morceau qu'Emile nous a donné ce matin dans le *National*... Dites-lui que je ne sais personne à Paris capable d'écrire son article sur Herschell, et que je rougis de m'être donné pendant trois ans comme le rédacteur en chef d'un journal dans lequel il se contentait d'une tâche si au-dessous de son savoir et de son talent. »

Carrel voulut dès lors faire de M. Littré un rédacteur politique. Mais, trop modeste pour accepter cette situation, M. Littré était en même temps trop timide pour l'occuper.

Sainte-Beuve, dans ses *Causeries du lundi*, a finement retracé le caractère de l'homme qui ne sait ni se produire ni prendre une initiative. « Un homme sincèrement modeste et humble, dit-il, peut être très habile sur certains points, très courageux de résistance sur certains autres, mais il y a fort à penser qu'il est incapable d'une certaine initiative, d'un esprit d'entreprise et de

poursuite, d'un essor complet et libre de ses
facultés, et c'est parce qu'il se sent instinctive-
ment inférieur à un tel rôle et à une telle responsabilité qu'il est si craintif et si rougissant de se
produire, si en peine lorsqu'il s'est trop avancé... »
M. Littré se reconnaissait dans ce portrait et il
s'en faisait la très sincère application. « Si je ne
voyais, disait-il avec charme, que cette description
de Sainte-Beuve est toute générale, et embrasse
une classe d'esprits, je la croirais particulière et
tracée pour moi. »

Toutefois un mérite tel que le sien n'est pas
si commun que toute la modestie du monde
puisse l'empêcher de se faire jour et d'attirer l'attention. Dès l'année 1831, le libraire Jean-Baptiste
Baillière, lié avec tous les médecins de cette
époque, avait proposé à M. Littré de s'associer au
docteur Andral pour entreprendre une traduction
et une édition nouvelles d'Hippocrate. M. Andral,
occupé d'autres études, ne put prendre part à ce
grand travail, et, en 1834, M. Littré en resta seul
chargé.

Ce qu'il fallait de connaissances spéciales et
d'aptitudes variées concourant dans un labeur
assidu, pour mener à fin cette grande œuvre, rien
qu'une telle idée, a dit un de ses biographes, avait
de quoi effrayer et détourner tout autre que
M. Littré.

Le premier volume parut en 1839. A peine
était-il publié que M. Littré fut élu membre de
l'Académie des Inscriptions. Notre confrère aimait

à rappeler ce premier et grand succès. A dater de cette époque et tout en satisfaisant aux exigences de sa traduction d'Hippocrate, sa réputation grandit par l'accumulation incessante des productions les plus diverses. Préparé par un travail solitaire, il put se donner carrière dans toutes les directions de la pensée.

En 1844, il remplace M. Fauriel dans la Commission de l'histoire littéraire de la France, où il donne successivement des notices importantes sur les médecins du moyen âge, des glossaires, des romans ou poèmes d'aventures et autres branches de poésie des trouvères. Rédacteur du *National*, — rédacteur du *Dictionnaire de médecine*, — collaborateur de la *Revue des Deux-Mondes*, du journal des *Débats*, du *Journal des Savants*, de la *Revue germanique*, il mène tout de front et remplit ces recueils variés des trésors de son érudition sur des sujets de toutes sortes, médicaux, historiques, philologiques, langue et littérature du moyen âge. Il y ajouta même des essais poétiques.

Le plus curieux fut une traduction d'un chant de l'*Iliade* en vers français du xiiiᵉ siècle. C'était pour lui un exercice d'application de ses vastes recherches sur la langue française et ses origines. Comme on l'a dit, il se faisait trouvère pour mieux juger les trouvères. Il publiait en outre, chemin faisant, une traduction fort estimée de Pline l'Ancien dans la collection Nisard.

Si je n'ai pas l'autorité nécessaire pour parler

de la plupart des travaux que je viens d'énumérer, je me console à la pensée du jugement que va porter sur eux l'homme éminent par qui j'ai l'honneur d'être reçu dans votre illustre compagnie. Confrère de M. Littré à l'Académie des Belles-Lettres, il a été le témoin et il est le juge le plus compétent des travaux qui ont honoré la vie de l'infatigable travailleur.

« Que n'ai-je pas roulé en mon esprit? disait M. Littré avant de mourir. Si ma vieillesse avait été forte, que la maladie ne l'eût pas accablée, j'aurais mis la main, avec quelques collaborateurs, à une histoire universelle dont j'avais tout le plan. »

Dans l'ardeur qui le portait à rechercher « des clartés de tout », il conserva cependant toute sa vie un champ d'études de prédilection. Ce fut la médecine. On lui doit de savantes dissertations sur le cœur, sur le choléra, sur la fièvre jaune, sur la peste, sur les grandes épidémies...

Que de pages élevées ne pourrait-on pas extraire de ces articles! Il ne se préoccupait ni de la recherche ni de l'éclat du style. Mais, tout en ne visant qu'à la clarté, il rencontre souvent l'éloquence. Parlant de l'apparition des foudroyantes épidémies, il dit :

« Ce sont de grands et singuliers phénomènes. On voit parfois, lorsque les cités sont calmes et joyeuses, le sol s'ébranler tout à coup

et les édifices s'écrouler sur la tête des habitants;
de même il arrive qu'une influence mortelle sort
soudainement de profondeurs inconnues et couche
d'un souffle infatigable les populations humaines
comme les épis dans leurs sillons. Les causes
sont ignorées, les effets terribles, le développement immense. Rien n'épouvante plus les hommes,
rien ne jette de si vives alarmes dans le cœur
des nations; rien n'excite dans le vulgaire de plus
noirs soupçons. Il semble, quand la mortalité a
pris ce courant, que les ravages n'auront plus de
terme et que l'incendie une fois allumé ne
s'éteindra désormais que faute d'aliments... »

Cette citation nous montre également M. Littré attiré par les hautes questions de l'étiologie
médicale.

« J'eus toujours, dit-il. une place réservée
pour la pathologie et ce qui s'y rattache. Je ne
permis jamais à mes autres travaux ou à mes
autres goûts de créer une prescription à cet
égard. Quoique j'aie étudié la médecine sans en
avoir jamais rien fait ni comme titre ni comme
pratique, je ne troquerais pas contre quoi que ce
soit cette part de savoir que j'ai jadis conquise
par un labeur persistant. »

La citation mérite d'être poursuivie :

« Je viens de dire, ajoute-t-il, que je n'ai
point pratiqué la médecine. En ceci une rectifica-
tion est à faire. J'ai, depuis trente ans, réalisé
l'*Hoc erat in votis* d'Horace... Un petit jardin
dans un petit village. Là, quand j'y vins, comment

sut-on que je m'étais occupé de médecine? Je l'ignore. Toujours est-il que les paysans, mes voisins, quand ils tombèrent malades, réclamèrent mon secours. Faisant la médecine gratis, j'aurais eu une clientèle fort étendue; mais je circonscrivis sévèrement ma sphère d'action, et, prudent, dévoué, visitant plusieurs fois par jour mes malades qui étaient à ma porte, je rendis d'incontestables services; plus tard, M. le docteur Daremberg, qui vint se fixer dans le même lieu, et qui, comme moi, aima Hippocrate et son antique génie, s'associa à mon office, et plus d'une fois, sur la fin, nous avons exprimé le regret de n'avoir pas songé à rédiger la clinique de notre petit village. Maintenant, la vieillesse m'a déchargé de ce service bénévole, mais j'y ai acquis l'amitié et la gratitude de mes voisins, et, pour parler comme le vieillard de La Fontaine : cela même est un fruit que je goûte aujourd'hui. »

Horace aurait-il écrit son *Hoc erat in votis* si sa maison de campagne eût ressemblé à celle que M. Littré possédait au Mesnil? On ne trouve là ni ruisseau d'eau vive, ni bouquet de bois, ni rien de l'aisance qu'Horace avait rêvée. Le plus simple presbytère du plus pauvre des villages peut seul donner une idée de cette maison où tout reflète une vie de solitude, de labeur et de désintéressement. M. Littré avait le culte de l'austérité. Un pieux respect a laissé toute chose à sa place comme s'il devait revenir d'un moment à l'autre et retrouver sur son bureau des livres ouverts, des notes éparses. Voici la petite table où sa femme et sa fille travaillaient auprès de lui, et au-dessus de cette table apparaît, — visible témoignage de la profonde tolérance de M. Littré, — une image du Christ.

Ce fut dans cette retraite que M. Littré composa la plus grande partie de son *Dictionnaire*. Avec quelle patience et quel courage, pour ainsi dire, surhumains, il rassembla les matériaux d'une œuvre que l'on a signalée à juste titre comme un monument national !

« Je fus le premier, dit M. Littré, à vouloir soumettre de tout point le dictionnaire à l'histoire. » Rompant avec l'habitude de donner comme exemple des phrases arbitraires, il s'imposa l'obligation de citer, pour chaque mot, des phrases tirées des meilleurs écrivains, non seulement de la langue classique, mais encore des textes de l'ancienne langue, depuis le xie siècle jusqu'à la fin du xvie, s'attachant à tous les sens par lesquels le mot a passé, n'omettant ni les archaïsmes, ni les néologismes, ni les contraventions à la grammaire, attentif aux acceptions détournées ou singulières, et recherchant toujours de préférence les exemples qui se recommandent par l'élégance de la forme, la valeur de la pensée, ou qui intéressent par l'histoire des idées et des mœurs. — Comme on l'imagine aisément, M. Littré, après avoir employé des années à réunir toutes

ces citations, en passa plusieurs autres encore
à les remanier, classant, ajoutant, rectifiant sans
cesse. Avec cette candeur qu'il avait en toutes
choses, il disait : « Que de fausses routes j'ai
suivies ! Que de tentatives avortées ! Je revenais
sur les pas déjà faits, je m'égarais dans un laby-
rinthe de pensées, toujours sur le point de perdre
courage. » Un jour qu'il s'adressait à M. Beaujean,
à celui qui fut son savant et dévoué collaborateur : « O mon ami, s'écria-t-il, ne faites jamais
de dictionnaire. »

On a peine, en effet, à se figurer une telle
somme de travail. Lui-même a eu la coquetterie
de compter que si le Dictionnaire, *sans le sup-
plément,* était composé sur une seule colonne,
cette colonne aurait 37 kilomètres 525 mètres
28 centimètres, à peu près la distance de Paris à
Meaux.

La Fontaine, qu'il aimait à citer, lui avait
donné pour devise : *Patience et longueur de
temps...* Dans une vie tout absorbée par la pratique de cette maxime, sa solitude était cependant
toujours ouverte. S'il risquait d'être troublé par
quelque visite, il ne voulait pas, pour échapper à
un importun, s'exposer à perdre l'occasion d'un
service à rendre.

C'est au moment où il était dans la pleine
activité de son travail que la veuve d'Auguste
Comte vint le prier d'écrire la vie de son mari.
M. Littré résiste, objecte son Dictionnaire qui
absorbe tout son temps, promet de se consacrer

sans réserve, dès qu'il l'aura achevé, à la tâche
que Mme Comte lui demande de s'imposer. Celle-ci
insiste avec opiniâtreté, faisant appel à la reconnaissance qu'il doit au fondateur de la philosophie
positive. M. Littré accepte enfin. Avec une rési-
gnation surprenante il modifie l'ordre de son
travail du Dictionnaire, prend sur ses heures
de repos et trouve le temps de composer une
biographie d'Auguste Comte intitulée : *Auguste
Comte et la philosophie positive*, qui n'a pas
moins de six cents pages.

Il était au Mesnil le médecin consultant de
tout le village. Prolongeant ses veilles jusqu'à
trois heures du matin, la clarté de sa lampe bril-
lait au loin pendant la nuit comme un fanal qui
rassurait les malades. On savait qu'au premier
appel M. Littré quitterait son travail pour aller
porter ses soins partout où ils seraient réclamés.

Se peut-il que l'homme dont je viens de
vous retracer l'étonnante et charitable vie ait été
méconnu jusqu'à être calomnié! Il le fut pourtant.
Ses opinions philosophiques en ayant été l'occasion, c'est le moment pour moi de les examiner.
Je n'y apporterai d'autre souci que celui de garder
ma propre liberté de penser.

Vers l'âge de quarante ans, une crise se produisit dans les croyances de M. Littré. Il venait de lire un ouvrage d'Auguste Comte intitulé : *Système de philosophie positive*. L'impression qu'il en reçut fut extraordinaire :

« Ce livre, dit-il, me subjugua. Une lutte s'établit dans mon esprit entre mes anciennes opinions et les nouvelles. Celles-ci triomphèrent... Je devins dès lors disciple de la philosophie positive et je le suis resté... Aujourd'hui, il y a plus de vingt ans que je suis sectateur de cette philosophie; la confiance qu'elle m'inspire n'a jamais reçu de démenti... Occupé de sujets très divers, histoire, langue, physiologie, médecine, érudition, je m'en suis constamment servi comme d'une sorte d'outil qui me trace les linéaments, l'origine et l'aboutissement de chaque question... Elle suffit à tout, ne me trompe jamais et m'éclaire toujours... »

Le principe fondamental d'Auguste Comte est d'écarter toute recherche métaphysique sur les causes premières et finales, de ramener toutes les idées et toutes les théories à des faits et de n'attribuer le caractère de certitude qu'aux démonstrations de l'expérience. Ce système comprend une classification des sciences et une prétendue loi de l'histoire qui se résume dans cette affirmation : que les conceptions de l'esprit

humain passent successivement par trois états :
l'état théologique, l'état métaphysique, l'état scientifique ou positif.

M. Littré ne tarissait pas en éloges au sujet
de cette doctrine et de son auteur. Pour lui,
Auguste Comte était un des hommes qui devaient
tenir une grande place dans la postérité, et la
« philosophie positive une de ces œuvres à peine
séculaires qui changent le niveau ». Interrogé sur
ce qu'il estimait le plus dans l'emploi de sa laborieuse vie, nul doute que sa pensée ne se fût
portée avec complaisance sur son rôle d'apôtre
sincère et persévérant du positivisme.

Il n'est pas rare de voir les plus savants
hommes perdre parfois le discernement de leur
vrai mérite. C'est ce qui me fait un devoir d'un
jugement personnel sur la valeur de l'ouvrage
d'Auguste Comte. Je confesse que je suis arrivé
à une opinion bien différente de celle de M. Littré.
Les causes de cette divergence me paraissent
résulter de la nature même des travaux qui ont
occupé sa vie et de ceux qui sont l'unique objet
de la mienne.

Les travaux de M. Littré ont porté sur des
recherches d'histoire, de linguistique, d'érudition
scientifique et littéraire. La matière de telles
études est tout entière dans les faits appartenant
au passé, auxquels on ne peut rien ajouter ni rien
retrancher. Il y suffit de la méthode d'observation
qui le plus souvent ne saurait donner des démonstrations rigoureuses. Le propre, au contraire, de

l'expérimentation, c'est de ne pas en admettre d'autres.

L'expérimentateur, homme de conquêtes sur la nature, se trouve sans cesse aux prises avec des faits qui ne se sont point encore manifestés et n'existent, pour la plupart, qu'en puissance de devenir dans les lois naturelles. L'inconnu dans le possible et non dans ce qui a été, voilà son domaine, et, pour l'explorer, il a le secours de cette merveilleuse méthode expérimentale, dont on peut dire avec vérité, non qu'elle suffit à tout, mais qu'elle trompe rarement et ceux-là seulement qui s'en servent mal. Elle élimine certains faits, en provoque d'autres, interroge la nature, la force à répondre et ne s'arrête que quand l'esprit est pleinement satisfait. Le charme de nos études, l'enchantement de la science, si l'on peut ainsi parler, consiste en ce que, partout et toujours, nous pouvons donner la justification de nos principes et la preuve de nos découvertes.

L'erreur d'Auguste Comte et de M. Littré est de confondre cette méthode avec la méthode restreinte de l'observation. Etrangers tous deux à l'expérimentation, ils donnent au mot expérience l'acception qui lui est attribuée dans la conversation du monde, où il n'a point du tout le même sens que dans le langage scientifique. Dans le premier cas, l'expérience n'est que la simple observation des choses et l'induction qui conclut, plus ou moins légitimement, de ce qui a été à ce qui pourrait être. La vraie méthode expérimentale va jusqu'à la preuve sans réplique.

Les conditions et le résultat quotidien du travail de l'homme de science façonnent, en outre, son esprit à n'attribuer une idée de progrès qu'à une idée d'invention. Pour juger de la valeur du positivisme, ma première pensée a donc été d'y chercher l'invention. Je ne l'y ai pas trouvée. On ne peut vraiment attribuer l'idée d'invention à la loi dite des trois états de l'esprit humain, pas plus qu'à la classification hiérarchique des sciences qui ne sont l'une et l'autre que des à peu près, sans grande portée. Le positivisme, ne m'offrant aucune idée neuve, me laisse réservé et défiant.

La foi de M. Littré dans le positivisme lui vint également des apaisements qu'il y trouvait sur les grandes questions métaphysiques. La négation comme le doute l'obsédaient. Auguste Comte l'a tiré de l'un et de l'autre par un dogmatisme qui supprimait toute métaphysique.

En face de cette doctrine, M. Littré se disait : Tu n'as à te préoccuper ni de l'origine ni de la fin des choses, ni de Dieu, ni de l'âme, ni de théologie, ni de métaphysique ; suis ton penchant de chercheur « inquiet ou charmé » ; fuis l'absolu ; n'aime que le relatif. Quelle quiétude pour cette tête ardente, ambitieuse de parcourir tous les champs du savoir !

On s'est pourtant trompé sur cette quiétude et l'on s'est payé de fausses apparences en prétendant faire de M. Littré un athée résolu et tranquille. Les croyances religieuses des autres ne lui étaient pas indifférentes. « Je me suis trop rendu compte, dit-il, des souffrances et des difficultés de la vie humaine pour vouloir ôter à qui que ce soit des convictions qui le soutiennent dans les diverses épreuves. » Il ne nie pas plus l'existence de Dieu que celle de l'immortalité de l'âme ; il en écarte *a priori* jusqu'à la pensée, parce qu'il proclame l'impossibilité d'en constater scientifiquement l'existence.

Quant à moi, qui juge que les mots progrès et invention sont synonymes, je me demande au nom de quelle découverte nouvelle, philosophique ou scientifique, on peut arracher de l'âme humaine ces hautes préoccupations. Elles me paraissent d'essence éternelle, parce que le mystère qui enveloppe l'univers et dont elles sont une émanation est lui-même éternel de sa nature.

On raconte que l'illustre physicien anglais Faraday, dans les leçons qu'il faisait à l'Institution royale de Londres, ne prononçait jamais le nom de Dieu, quoiqu'il fût profondément religieux. Un jour, par exception, ce nom lui échappa et tout à coup se manifesta un mouvement d'approbation sympathique. Faraday s'en apercevant interrompit sa leçon par ces paroles : « Je viens de vous surprendre en prononçant ici le nom de Dieu. Si cela ne m'est pas encore arrivé, c'est que je suis, dans ces leçons, un représentant de la science expérimentale. Mais la notion et le respect de Dieu arrivent à mon esprit par des voies aussi sûres que celles qui nous conduisent à des vérités de l'ordre physique. »

La science expérimentale est essentiellement positiviste en ce sens que, dans ses conceptions, jamais elle ne fait intervenir la considération de l'essence des choses, de l'origine du monde et de ses destinées. Elle n'en a nul besoin. Elle sait qu'elle n'aurait rien à apprendre d'aucune spéculation métaphysique. Pourtant elle ne se prive pas de l'hypothèse. Nul, au contraire, plus que l'expérimentateur n'en fait usage; mais c'est seulement à titre de guide et d'aiguillon pour la recherche et sous la réserve d'un sévère contrôle. Il dédaigne et rejette ses idées préconçues, dès que l'expérimentation lui démontre qu'elles ne correspondent pas à des réalités objectives.

M. Littré et Aug. Comte croyaient et firent croire aux esprits superficiels que leur système reposait sur les mêmes principes que la méthode scientifique dont Archimède, Galilée, Pascal, Newton, Lavoisier sont les vrais fondateurs. De là est venue l'illusion des esprits, favorisée encore par tout ce que présentaient de garanties la science et la bonne foi de M. Littré.

A quelles erreurs ne peut pas conduire cette identité prétendue des deux méthodes!

Arago avait dit de Comte : « Il n'a de titres mathématiques, ni grands ni petits. » « C'est vrai répond M. Littré, M. Comte n'a pas de découvertes géométriques, mais il a des découvertes sociologiques. » Hélas! Voici un exemple de découverte sociologique! Le 10 novembre 1850, M. Littré écrivit dans le *National* un article intitulé *Paix occidentale*, article destiné à prouver que la sociologie était une science. « Il y a deux manières, dit-il, de prouver la vérité d'une doctrine : tantôt l'initiation directe, le travail, l'étude, tantôt les prévisions déduites de la doctrine qui persuadent et qui frappent tous les esprits : savoir, c'est prévoir. »

Or il arriva que, comme nous jouissions, en 1850, des bienfaits de la paix depuis 1815, M.Littré s'écrie : « Mais la paix est prévue depuis vingt-cinq ans par la sociologie. » Malheureusement l'article continue en ces termes : « Aujourd'hui encore, la sociologie prévoit la paix pour tout l'avenir de notre transition, au bout de laquelle une confédération républicaine aura uni l'Occident et mis un terme aux conflits armés... » M. Littré fut bientôt désabusé. Quand il réimprima, en 1878, cet article de 1850, il le fit suivre de remarques où, avec sa sincérité habituelle, il exhale la douleur qu'il éprouve de sa naïve confiance d'autrefois. « Ces malheureuses pages, dit-il, me font mal ; je voudrais pouvoir les effacer. Elles sont en contresens perpétuel avec les événements qui se sont déroulés... A peine avais-je prononcé, dans mon puéril enthousiasme, qu'en Europe il n'y aurait plus de défaites militaires, que celles-ci désormais seraient remplacées par des défaites politiques, que vinrent la défaite militaire de la Russie en Crimée, celle de l'Autriche en Italie, celle de l'Autriche en Allemagne, celle de la France à Sedan et à Metz, et tout récemment celle de la Turquie dans les Balkans. »

L'ouvrage que M. Littré a publié en 1879 sous ce titre : *Conservation, révolution et positivisme,* est rempli de méprises que la doctrine positiviste lui a fait commettre en politique et en sociologie. Pourquoi en serait-on surpris ? La politique et la sociologie sont des sciences où la preuve est trop difficile à donner. Trop considérable est le nombre des facteurs concourant à la solution des questions qu'elles agitent. Là où les passions humaines interviennent, le champ de l'imprévu est immense.

Le positivisme ne pèche pas seulement par une erreur de méthode. Dans la trame, en apparence très serrée, de ses propres raisonnements, se révèle une considérable lacune, et je suis surpris que la sagacité de M. Littré ne l'ait pas mise en lumière.

A maintes reprises, il définit ainsi le positivisme envisagé au point de vue pratique : « Je nomme positivisme tout ce qui se fait dans la société pour l'organiser suivant la conception positive, c'est-à-dire scientifique du monde. »

Je suis prêt à accepter cette définition, à la condition qu'il en soit fait une application rigoureuse; mais la grande et visible lacune du système consiste en ce que, dans la conception positive du monde, il ne tient pas compte de la plus importante des notions positives, celle de l'infini.

Au delà de cette voûte étoilée, qu'y a-t-il ? De nouveaux cieux étoilés. Soit. Et au delà? L'esprit humain poussé par une force invincible ne cessera jamais de se demander : Qu'y a-t-il au delà? Veut-il s'arrêter soit dans le temps, soit dans l'espace? Comme le point où il s'arrête n'est qu'une grandeur finie, plus grande seulement que toutes celles qui l'ont précédée, à peine commence-t-il à l'envisager, que revient l'implacable question et toujours, sans qu'il puisse faire taire le cri de sa curiosité. Il ne sert de rien de répondre : au delà sont des espaces, des temps ou des grandeurs sans limites. Nul ne comprend ces paroles. Celui qui proclame l'existence de l'infini, et personne ne peut y échapper, accumule dans cette affirmation plus de surnaturel qu'il n'y en a dans tous les miracles de toutes les religions; car la notion de l'infini a ce double caractère de s'imposer et d'être incompréhensible. Quand cette notion s'empare de l'entendement, il n'y a qu'à se prosterner. Encore, à ce moment de poignantes angoisses, il faut demander grâce à sa raison: tous les ressorts de la vie intellectuelle menacent de se détendre ; on se sent près d'être saisi par la sublime folie de Pascal. Cette notion positive et primordiale, le positivisme l'écarte gratuitement, elle et toutes ses conséquences dans la vie des sociétés.

La notion de l'infini dans le monde, j'en vois partout l'inévitable expression. Par elle, le surnaturel est au fond de tous les cœurs. L'idée de Dieu est une forme de l'idée de l'infini. Tant que le mystère de l'infini pèsera sur la pensée humaine, des temples seront élevés au culte de l'infini, que le Dieu s'appelle Brahma, Allah, Jéhova ou Jésus. Et sur la dalle de ces temples vous verrez des hommes agenouillés, prosternés, abîmés dans la pensée de l'infini. La métaphysique ne fait que traduire au dedans de nous la notion dominatrice de l'infini. La conception de l'idéal n'est-elle pas encore la faculté, reflet de l'infini, qui, en présence de la beauté, nous porte à imaginer une beauté supérieure? La science et la passion de comprendre sont-elles autre chose que l'effet de l'aiguillon du savoir que met en notre âme le mystère de l'Univers? Où sont les vraies sources de la dignité humaine, de la liberté et de la démocratie moderne, sinon dans la notion de l'infini devant laquelle tous les hommes sont égaux ?

« Il faut un lien spirituel à l'humanité, dit

M. Littré, faute de quoi il n'y aurait dans la société
que des familles isolées, des hordes, et point de
société véritable. » Ce lien spirituel qu'il plaçait
dans une sorte de religion inférieure de l'humanité
ne saurait être ailleurs que dans la notion supérieure de l'infini parce que ce lien spirituel doit
être associé au mystère du monde. La religion de
l'humanité est une de ces idées d'une évidence
superficielle et suspecte qui ont fait dire à un
psychologue d'un esprit éminent : « Il y a longtemps que je pense que celui qui n'aurait que des
idées claires serait assurément un sot. Les notions
les plus précieuses, ajoute-t-il, que recèle l'intelligence humaine sont tout au fond de la scène et
dans un demi-jour, et c'est autour de ces idées
confuses, dont la liaison nous échappe, que tour-
nent les idées claires pour s'étendre, et se développer, et s'élever. Si nous étions coupés de cette
arrière-scène, les sciences exactes, elles-mêmes, y
perdraient cette grandeur qu'elles tirent de leurs
rapports secrets avec d'autres vérités infinies que
nous soupçonnons. »

Les Grecs avaient compris la mystérieuse
puissance de ce dessous des choses. Ce sont eux
qui nous ont légué un des plus beaux mots de
notre langue, le mot enthousiasme. — ἐν. θεός. —
Un Dieu intérieur.

La grandeur des actions humaines se mesure
à l'inspiration qui les fait naître. Heureux celui

qui porte en soi un dieu, un idéal de beauté et
qui lui obéit : idéal de l'art, idéal de la science,
idéal de la patrie, idéal des vertus de l'Evangile.
Ce sont là les sources vives des grandes pensées
et des grandes actions. Toutes s'éclairent des
reflets de l'infini.

M. Littré avait son dieu intérieur. L'idéal qui
remplissait son âme, c'était la passion du travail
et l'amour de l'humanité.

Souvent il m'est arrivé de me le représenter,
assis auprès de sa femme, comme en un tableau
des premiers temps du christianisme; lui, regar-
dant la terre, plein de compassion pour ceux qui
souffrent; elle, fervente catholique, les yeux levés
vers le ciel; lui, inspiré par toutes les vertus terrestres; elle, par toutes les grandeurs divines;
réunissant dans un même élan comme dans un
même cœur les deux saintetés qui forment l'auréole de l'Homme-Dieu, celle qui procède du
dévouement à ce qui est humain, celle qui émane
de l'ardent amour du divin; — elle, une sainte dans
l'acception canonique; lui, un saint laïque.

Ce dernier mot ne m'appartient pas. Je l'ai
recueilli sur les lèvres de tous ceux qui l'ont connu.

DISCOURS

prononcé à l'inauguration de la plaque commémorative
que la ville de Dole fit placer sur la maison natale de Pasteur

(14 juillet 1883)

Messieurs,

Je suis profondément ému de l'honneur que me fait la ville de Dole; mais permettez-moi, tout en vous exprimant ma reconnaissance, de m'élever contre cet excès de gloire. En m'accordant un hommage qui ne se rend qu'aux morts illustres, vous empiétez trop vite sur le jugement de la postérité.

Ratifiera-t-elle votre décision et n'auriez-vous pas dû, Monsieur le Maire, prévenir prudemment le conseil municipal de ne pas prendre une résolution aussi hâtive?

Mais après avoir protesté, Messieurs, contre les dehors éclatants d'une admiration que je ne mérite pas, laissez-moi vous dire que je suis touché et remué jusqu'au fond de l'âme. Votre sympathie a réuni sur cette plaque commémorative les deux grandes choses qui ont fait à la fois la passion et le charme de ma vie : l'amour de la science et le culte du foyer paternel.

Oh! mon père et ma mère! Oh! mes chers disparus, qui avez si modestement vécu dans cette petite maison, c'est à vous que je dois tout! Tes enthousiasmes, ma vaillante mère, tu les as fait passer en moi. Si j'ai toujours associé la grandeur de la science à la grandeur de la patrie, c'est que j'étais imprégné des sentiments que tu m'avais inspirés. Et toi, mon cher père, dont la vie fut aussi rude que ton rude métier, tu m'as montré ce que peut faire la patience dans les longs efforts. C'est à toi que je dois la ténacité dans le travail quotidien. Non seulement tu avais les qualités persévérantes qui font les vies utiles, mais tu avais aussi l'admiration des grands hommes et des grandes choses. Regarder en haut, apprendre au delà, chercher à s'élever toujours, voilà ce que tu m'as enseigné. Je te vois encore, après ta journée de labeur, lisant le soir quelque récit de bataille d'un de ces livres d'histoire contemporaine qui te rappelaient l'époque glorieuse dont tu avais été témoin. En m'apprenant à lire, tu avais le souci de m'apprendre la grandeur de la France.

Soyez bénis l'un et l'autre, mes chers parents, pour ce que vous avez été et laissez-moi vous reporter l'hommage fait aujourd'hui à cette maison.

Messieurs, je vous remercie de m'avoir permis de dire bien haut ce que je pense depuis soixante ans. Je vous remercie de cette fête et de votre accueil et je remercie la ville de Dole, qui ne perd de vue aucun de ses enfants et qui m'a gardé un tel souvenir!

LETTRE

A L'EMPEREUR DU BRÉSIL

sur l'application à l'homme du traitement antirabique

(22 septembre 1884)

Sire,

LE *baron d'Itajuba, chargé d'affaires du Brésil, m'a fait parvenir la lettre que Votre Majesté a bien voulu m'écrire à la date du 21 août dernier. L'Académie a accueilli avec des marques d'universelle sympathie le témoignage que vous avez accordé à la mémoire de notre illustre confrère, M. Dumas. Elle ne sera pas moins sensible aux paroles de regret que vous me priez de lui transmettre au sujet de la mort si prématurée de M. Wurtz.*

Votre Majesté a la bonté de me parler de mes études sur la rage. Elles sont assez avancées et je les poursuis sans interruption. Cependant j'estime qu'il me faudra encore près de deux années pour les amener à bonne fin, c'est-à-dire pour que je sois en mesure de proposer aux pouvoirs publics l'application pratique de mes résultats...

Il faut donc arriver à la prophylaxie de la rage après morsure.

Je n'ai rien osé tenter jusqu'ici sur l'homme, malgré ma confiance dans le résultat et malgré les occasions nombreuses qui m'ont été offertes depuis ma dernière lecture à l'Académie des sciences. Je crains trop qu'un échec ne vienne compromettre l'avenir. Je veux réunir d'abord une foule de succès sur les animaux. A cet égard, les choses marchent bien. J'ai déjà plusieurs exemples de chiens rendus réfractaires après morsures rabiques. Je prends deux chiens, je les fais mordre par un chien enragé. Je vaccine l'un et je laisse l'autre sans traitement. Celui-ci meurt de rage ; le vacciné résiste.

Mais alors même que j'aurais multiplié les exemples de prophylaxie de la rage sur les chiens, il me semble que la main me tremblera quand il faudra passer à l'espèce humaine.

C'est ici que pourrait intervenir très utilement la haute et puissante initiative d'un chef d'État pour le plus grand bien de l'humanité. Si j'étais Roi ou Empereur ou même Président de République, voici comment j'exercerais le droit de grâce sur les condamnés à mort. J'offrirais à l'avocat du condamné, la veille de l'exécution de ce dernier, de choisir entre la mort imminente et une expérience qui consisterait dans des inoculations préventives de la rage pour amener la constitution du sujet à être réfractaire à la rage. Moyennant ces épreuves, la vie du condamné serait sauve. Au cas où elle le serait, — et j'ai la persuasion qu'elle le serait en effet, — pour garantie vis-à-vis de la société qui a condamné le criminel, on le soumettrait à une surveillance à vie.

Tous les condamnés accepteraient. Le condamné à mort n'appréhende que la mort.

Ceci m'amène au choléra dont Votre Majesté a également la bonté de m'entretenir. Ni les docteurs Straus et Roux, ni le docteur Koch n'ont réussi à donner le choléra à des animaux et dès lors une grande incertitude règne au sujet du bacille auquel le docteur Koch rapporte la cause du choléra. On devrait pouvoir essayer de communiquer le choléra à des condamnés à mort en leur faisant ingérer des cultures du bacille. Dès que la maladie serait déclarée, on éprouverait des remèdes qui sont conseillés comme étant les plus efficaces en apparence.

J'attache tant d'importance à ces mesures que, si Votre Majesté partageait mes vues, malgré mon âge et mon état de santé, je me rendrais volontiers à Rio de Janeiro pour me livrer à de telles études de prophylaxie de la rage ou de contagion du choléra et des remèdes à lui appliquer.

Je suis, avec un profond respect, de Votre Majesté le très humble et très obéissant serviteur.

LETTRE

A JULES VERCEL

sur les progrès des expériences antirabiques

(2 mars 1885)

HÉLAS! je ne pourrai, nous ne pourrons aller à Arbois pour les congés de Pâques. Mon installation, celle de mes chiens, devrais-je dire, est commencée à Villeneuve-l'Etang et m'occupera encore quelque temps. J'ai, d'autre part, mes nouvelles expériences sur la rage soumises en ce moment à la commission dont j'ai demandé, l'an dernier, la nomination pour les contrôler. Cela durera quelques mois. Je démontre cette année qu'on peut vacciner ou rendre réfractaires à la rage les chiens après qu'ils ont été mordus par des chiens enragés.

Je n'ai pas encore osé traiter des hommes après morsure par chiens rabiques. Mais le moment n'est peut-être pas éloigné et j'ai grande envie de commencer par moi, c'est-à-dire de m'inoculer la rage pour en arrêter ensuite les effets, tant je commence à m'aguerrir et à être sûr de mes résultats.

Bien à toi.

FRAGMENTS DE LETTRES

A RENÉ VALLERY-RADOT

au cours des inoculations antirabiques de Joseph Meister

(11 et 13 juillet 1885)

I

. . . .

Tout va bien, l'enfant dort bien, a bon appétit, et du jour au lendemain la matière des inoculations est résorbée sans la moindre trace. Il
est vrai que je ne suis pas encore aux inoculations de contrôle qui auront lieu mardi, mercredi
et jeudi. Si, dans les trois semaines qui suivront,
l'enfant va bien, le succès de l'expérience me
paraîtra assuré. Je renverrai dans tous les cas
cet enfant et sa mère à Meissengott, près de
Schlestadt, le 1er août, en établissant toutefois un
système d'observation par l'intermédiaire de ces
braves gens. Vous voyez d'après cela que je ne
communiquerai rien avant le retour des vacances.

II

Mon cher René, je crois qu'il se prépare de grandes choses. Joseph Meister sort du laboratoire. Les trois dernières inoculations ont laissé sous la peau des traces rosées diffuses, de plus en plus larges, indolentes. Il y a une action qui s'accentue à mesure qu'on approche de l'inoculation finale qui aura lieu jeudi 16 juillet. L'enfant va très bien ce matin, a bien dormi, quoique avec agitation : il a bon appétit, pas du tout de fièvre. Hier soir, à table, chez son oncle, petit accès nerveux, raconté par sa mère ce matin au laboratoire, en présence de M. Grancher, au moment de son inoculation quotidienne.

. . . .

Il se prépare peut-être un des grands faits médicaux du siècle et vous regretteriez de n'y avoir pas assisté.

COMMUNICATION

faite à l'Académie des sciences
sur la méthode pour prévenir la rage après morsure

(26 octobre 1885)

LA prophylaxie de la rage, telle que je l'ai exposée en mon nom et au nom de mes collaborateurs, dans des notes précédentes, constituait assurément un progrès réel dans l'étude de cette maladie, progrès toutefois plus scientifique que pratique. Son application exposait à des accidents. Sur vingt chiens traités, je n'aurais pu répondre d'en rendre réfractaires à la rage plus de quinze ou seize.

Il était utile, d'autre part, de terminer le traitement par une dernière inoculation très virulente, inoculation d'un virus de contrôle, afin de confirmer et de renforcer l'état réfractaire. En outre, la prudence exigeait que l'on conservât les chiens en surveillance pendant un temps supérieur à la durée d'incubation de la maladie produite par l'inoculation directe de ce dernier virus. Dès lors, il ne fallait pas moins quelquefois d'un intervalle de trois à quatre mois pour être assuré de l'état réfractaire à la rage.

De telles exigences auraient limité beaucoup l'application de la méthode.

Enfin, la méthode ne se serait prêtée que difficilement à une mise en train toujours immédiate, condition réclamée cependant par ce qu'il y a d'accidentel et d'imprévu dans les morsures rabiques.

Il fallait donc arriver, si cela était possible, à une méthode plus rapide et capable de donner une sécurité, j'oserais dire, parfaite sur les chiens.

Et comment d'ailleurs, avant que ce progrès fût atteint, oser se permettre une épreuve quelconque sur l'homme?

Après des expériences, pour ainsi dire, sans nombre, je suis arrivé à une méthode prophylactique, pratique et prompte, dont les succès sur le chien sont déjà assez nombreux et sûrs pour que j'aie confiance dans la généralité de son application à tous les animaux et à l'homme lui-même.

Cette méthode repose essentiellement sur les faits suivants :

L'inoculation au lapin, par la trépanation, sous la dure-mère, d'une moelle rabique de chien à rage des rues, donne toujours la rage à ces animaux après une durée moyenne d'incubation de quinze jours environ.

Passe-t-on du virus de ce premier lapin à un second, de celui-ci à un troisième, et ainsi de

suite, par le mode d'inoculation précédent, il se
manifeste bientôt une tendance de plus en plus
accusée dans la diminution de la durée d'incubation de la rage chez les lapins successivement
inoculés.

Après vingt à vingt-cinq passages de lapin à
lapin, on rencontre des durées d'incubation de
huit jours, qui se maintiennent pendant une période nouvelle de vingt à vingt-cinq passages.
Puis on atteint une durée d'incubation de sept
jours, que l'on retrouve avec une régularité frap-
pante pendant une série nouvelle de passages
allant jusqu'au quatre-vingt-dixième. C'est du
moins à ce chiffre que je suis en ce moment; et
c'est à peine s'il se manifeste actuellement une
tendance à une durée d'incubation d'un peu moins
de sept jours.

Ce genre d'expériences, commencé en novembre 1882, a déjà trois années de durée, sans que
la série ait été jamais interrompue, sans que
jamais, non plus, on ait dû recourir à un virus
autre que celui des lapins successivement morts
rabiques. Rien de plus facile, en conséquence,
d'avoir constamment à sa disposition, pendant
des intervalles de temps considérables, un virus
rabique d'une pureté parfaite, toujours identique
à lui-même ou à très peu près. C'est là le nœud
pratique de la méthode.

Les moelles de ces lapins sont rabiques dans
toute leur étendue avec constance dans la virulence.

Si l'on détache de ces moelles des longueurs de quelques centimètres avec des précautions de pureté aussi grandes qu'il est possible de les réaliser, et qu'on les suspende dans un air sec, la virulence disparaît lentement dans ces moelles jusqu'à s'éteindre tout à fait. La durée d'extinction de la virulence varie quelque peu avec l'épaisseur des bouts de moelle, mais surtout avec la température extérieure. Plus la température est basse, et plus durable est la conservation de la virulence. Ces résultats constituent le point *scientifique* de la méthode [1].

Ces faits étant établis, voici le moyen de rendre un chien réfractaire à la rage, en un temps relativement court.

Dans une série de flacons, dont l'air est entretenu à l'état sec par des fragments de potasse déposés sur le fond du vase, on suspend, chaque jour, un bout de moelle rabique fraîche de lapin mort de rage, rage développée après sept jours d'incubation. Chaque jour également, on inocule sous la peau du chien une pleine seringue Pravaz de bouillon stérilisé, dans lequel on a délayé un petit fragment d'une de ces moelles en dessiccation, en commençant par une moelle d'un numéro d'ordre assez éloigné du jour où l'on

---

(1) Si la moelle rabique est mise à l'abri de l'air, dans le gaz acide carbonique, à l'état humide, la virulence se conserve (tout au moins pendant plusieurs mois), sans variation de son intensité rabique, pourvu qu'elle soit préservée de toute altération microbienne étrangère.

opère, pour être bien sûr que cette moelle n'est pas du tout virulente. Des expériences préalables ont éclairé à cet égard. Les jours suivants, on opère de même avec des moelles plus récentes, séparées par un intervalle de deux jours, jusqu'à ce qu'on arrive à une dernière moelle très virulente, placée depuis un jour ou deux seulement en flacon.

Le chien est alors rendu réfractaire à la rage. On peut lui inoculer du virus rabique sous la peau ou même à la surface du cerveau par trépanation sans que la rage se déclare.

Par l'application de cette méthode, j'étais arrivé à avoir cinquante chiens de tout âge et de toute race, réfractaires à la rage, sans avoir rencontré un seul insuccès, lorsque, inopinément, se présentèrent dans mon laboratoire, le lundi 6 juillet dernier, trois personnes arrivant d'Alsace :

Théodore Vone, marchand épicier à Meissengott, près de Schlestadt, mordu au bras, le 4 juillet, par son propre chien devenu enragé ;

Joseph Meister, âgé de 9 ans, mordu également le 4 juillet, à 8 heures du matin par le même chien. Cet enfant, terrassé par le chien, portait de nombreuses morsures, à la main, aux jambes, aux cuisses, quelques-unes profondes, qui rendaient même sa marche difficile. Les principales de ces morsures avaient été cautérisées, douze heures seulement après l'accident, à l'acide phénique, le 4 juillet, à 8 heures du soir, par le docteur Weber, de Villé ;

La troisième personne, qui, elle, n'avait pas été mordue, était la mère du petit Joseph Meister.

A l'autopsie du chien abattu par son maître, on avait trouvé l'estomac rempli de foin, de paille et de fragments de bois. Le chien était bien enragé. Joseph Meister avait été relevé de dessous lui couvert de bave et de sang.

M. Vone avait au bras de fortes contusions, mais il m'assura que sa chemise n'avait pas été traversée par les crocs du chien. Comme il n'y avait rien à craindre, je lui dis qu'il pouvait repartir pour l'Alsace le jour même, ce qu'il fit. Mais je gardai auprès de moi le petit Meister et sa mère.

La séance hebdomadaire de l'Académie des sciences avait précisément lieu le 6 juillet; j'y vis notre confrère M. le docteur Vulpian, à qui je racontai ce qui venait de se passer. M. Vulpian, ainsi que le docteur Grancher, professeur à la Faculté de Médecine, eurent la complaisance de venir voir immédiatement le petit Joseph Meister et de constater l'état et le nombre de ses blessures. Il n'en avait pas moins de 14.

Les avis de notre savant confrère et du docteur Grancher furent que, par l'intensité et le nombre de ses morsures, Joseph Meister était exposé presque fatalement à prendre la rage. Je communiquai alors à M. Vulpian et à M. Grancher les résultats nouveaux que j'avais obtenus dans l'étude de la rage depuis la lecture que j'avais faite à Copenhague, une année auparavant.

La mort de cet enfant paraissant inévitable, je

me décidai, non sans de vives et cruelles inquiétudes, on doit bien le penser, à tenter sur Joseph
Meister la méthode qui m'avait constamment
réussi sur des chiens.

Mes cinquante chiens, il est vrai, n'avaient
pas été mordus avant que je détermine leur état
réfractaire à la rage, mais je savais que cette
circonstance pouvait être écartée de mes préoccupations, parce que j'avais déjà obtenu l'état
réfractaire à la rage sur un grand nombre de
chiens après morsure. J'avais rendu témoins, cette
année, les membres de la Commission de la rage,
de ce nouveau et important progrès.

En conséquence, le 6 juillet, à 8 heures du
soir, soixante heures après les morsures du 4 juillet, et en présence des docteurs Vulpian et Grancher, on inocula, sous un pli fait à la peau de
l'hypocondre droit du petit Meister, une demi-
seringue Pravaz d'une moelle de lapin mort rabique,
le 21 juin, et conservée depuis lors en flacon à
air sec, c'est-à-dire depuis quinze jours.

Les jours suivants des inoculations nouvelles
furent faites, toujours aux hypocondres, dans les
conditions dont je donne ici le tableau :

Une demi-seringue de Pravaz

Le 7 juillet 9 h. matin	Moelle du 23 juin	14 jours
Le 7 — 6 h. soir	— 25 —	12 —
Le 8 — 9 h. matin	— 27 —	11 —
Le 8 — 6 h. soir	— 29 —	9 —

Le 9 juillet	11 h matin	Moelle du 1er juillet	8 jours
Le 10 —	11 h. matin	— 3	7 —
Le 11 —	11 h. matin	— 5 —	6 —
Le 12 —	11 h. matin	— 7 —	5 —
Le 13 —	11 h. matin	— 9 —	4 —
Le 14 —	11 h. matin	— 11 —	3 —
Le 15 —	11 h. matin	— 13 —	2 —
Le 16 —	11 h. matin	— 15 —	1 —

Je portai ainsi à 13 le nombre des inoculations et à 10 le nombre des jours de traitement. Je dirai plus tard qu'un plus petit nombre d'inoculations eussent été suffisantes. Mais on comprendra que dans ce premier essai je dusse agir avec une circonspection toute particulière.

Par les diverses moelles employées, on inocula par trépanation deux lapins neufs, afin de suivre les états de virulence de ces moelles.

L'observation des lapins permit de constater que les moelles des 6, 7, 8, 9, 10 juillet n'étaient pas virulentes, car elles ne rendirent pas leurs lapins enragés. Les moelles des 11, 12, 14, 15, 16 juillet furent toutes virulentes, et la matière virulente s'y trouvait en proportion de plus en plus forte. La rage se déclara après sept jours d'incubation sur les lapins des 15 et 16 juillet; après huit jours sur ceux du 12 et du 14; après quinze jours sur ceux du 11 juillet.

Dans les derniers jours, j'avais donc inoculé à Joseph Meister le virus rabique le plus virulent, celui du chien, renforcé par une foule de passages de lapins à lapins, virus qui donne la rage à ces animaux après sept jours d'incubation, après huit ou dix jours aux chiens. J'étais autorisé dans cette entreprise par ce qui s'était passé pour les cinquante chiens dont j'ai parlé.

Lorsque l'état d'immunité est atteint, on peut sans inconvénient inoculer le virus le plus virulent et en quantité quelconque. Il m'a toujours paru que cela n'avait d'autre effet que de consolider l'état réfractaire à la rage.

Joseph Meister a donc échappé, non seulement à la rage que ses morsures auraient pu développer, mais à celle que je lui ai inoculée pour contrôle de l'immunité due au traitement, rage plus virulente que celle du chien des rues.

L'inoculation finale très virulente a encore l'avantage de limiter la durée des appréhensions qu'on peut avoir sur les suites des morsures. Si la rage pouvait éclater, elle se déclarerait plus vite par un virus plus virulent que celui des morsures. Dès le milieu du mois d'août, j'envisageais avec confiance l'avenir de la santé de Joseph Meister. Aujourd'hui encore, après trois mois et trois semaines écoulés depuis l'accident, cette santé ne laisse rien à désirer.

Quelle interprétation donner à la nouvelle méthode que je viens de faire connaître pour prévenir la rage après morsures? Je n'ai pas l'intention de traiter aujourd'hui cette question d'une manière complète. Je veux me borner à quelques détails préliminaires, propres à faire comprendre le sens des expériences que je poursuis dans le but de bien fixer les idées sur la meilleure des interprétations possibles.

En se reportant aux méthodes d'atténuation progressive des virus mortels et à la prophylaxie qu'on peut en déduire; étant donnée, d'autre part, l'influence de l'air dans l'atténuation, la première pensée qui s'offre à l'esprit pour rendre compte des effets de la méthode, c'est que le séjour des moelles rabiques au contact de l'air sec diminue progressivement l'intensité de la virulence de ces moelles jusqu'à la rendre nulle.

On serait, dès lors, porté à croire que la méthode prophylactique dont il s'agit repose sur l'emploi de virus d'abord sans activité appréciable, faibles ensuite et de plus en plus virulents.

Je montrerai ultérieurement que les faits sont en désaccord avec cette manière de voir. Je prouverai que les retards dans les durées d'incubation de la rage communiquée, jour par jour, à des lapins, ainsi que je l'ai dit tout à l'heure, pour éprouver l'état de virulence de nos moelles desséchées au contact de l'air, sont un effet d'appauvrissement en quantité du virus rabique contenu dans ces moelles et non un effet de son appauvrissement en virulence.

Pourrait-on admettre que l'inoculation d'un virus, de virulence toujours identique à elle-même, serait capable d'amener l'état réfractaire à la rage, en procédant à son emploi par quantités très petites, mais quotidiennement croissantes? C'est une interprétation des faits de la méthode que j'étudie au point de vue expérimental.

On peut donner de la nouvelle méthode une autre interprétation encore, interprétation assurément fort étrange au premier aspect, mais qui mérite toute considération, parce qu'elle est en harmonie avec certains résultats déjà connus que nous offrent les phénomènes de la vie chez quelques êtres inférieurs, et notamment chez divers microbes pathogènes.

Beaucoup de microbes paraissent donner naissance dans leurs cultures à des matières qui ont la propriété de nuire à leur propre développement.

Dès l'année 1880, j'avais institué des recherches afin d'établir que le microbe du choléra des poules devait produire une sorte de poison de ce microbe (voir *Comptes rendus*, t. XC ; 1880). Je n'ai point réussi à mettre en évidence la présence d'une telle matière ; mais je pense aujourd'hui que cette étude doit être reprise — et je n'y manquerai pas pour ce qui me regarde — en opérant en présence du gaz acide carbonique pur.

Le microbe du rouget du porc se cultive dans des bouillons très divers, mais le poids qui s'en forme est tellement faible et si promptement arrêté dans sa proportion, que c'est à peine, quelquefois, si la culture s'en accuse par de faibles ondes soyeuses à l'intérieur du milieu nutritif. On dirait que, tout de suite, prend naissance un produit qui arrête le développement de ce microbe, soit qu'on le cultive au contact de l'air, soit dans le vide.

M. Raulin, mon ancien préparateur, aujourd'hui professeur à la Faculté de Lyon, a établi, dans la thèse si remarquable qu'il a soutenue à Paris, le 22 mars 1870, que la végétation de l'*Aspergillus niger* développe une substance qui arrête, en partie, la production de cette moisissure quand le milieu nutritif ne renferme pas de sels de fer.

Se pourrait-il que ce qui constitue le virus rabique soit formé de deux substances distinctes et qu'à côté de celle qui est vivante, capable de pulluler dans le système nerveux, il y en ait une autre, non vivante, ayant la faculté, quand elle est en proportion convenable, d'arrêter le développement de la première? J'examinerai expérimentalement, dans une prochaine communication, avec toute l'attention qu'elle mérite, cette troisième interprétation de la méthode de prophylaxie de la rage.

Je n'ai pas besoin de faire remarquer en terminant que la plus sérieuse des questions à résoudre en ce moment est peut-être celle de l'intervalle à observer entre l'instant des morsures et celui où commence le traitement. Cet intervalle pour Joseph Meister a été de deux jours et demi. Mais il faut s'attendre à ce qu'il soit souvent beaucoup plus long.

Mardi dernier, 20 octobre, avec l'assistance obligeante de MM. Vulpian et Grancher, j'ai dû commencer à traiter un jeune homme de quinze ans, mordu depuis six jours pleins, à chacune des deux mains, dans des conditions exceptionnellement graves.

Je m'empresserai de faire connaître à l'Académie ce qui adviendra de cette nouvelle tentative.

L'Académie n'entendra peut-être pas sans émotion le récit de l'acte de courage et de présence d'esprit de l'enfant dont j'ai entrepris le traitement mardi dernier. C'est un berger, âgé de 15 ans, du nom de Jean-Baptiste Jupille, de Villers-Farlay (Jura), qui, voyant un chien à allures suspectes, de forte taille, se précipiter sur un groupe de six de ses petits camarades, tous plus jeunes que lui, s'est élancé, armé de son fouet, au-devant de l'animal. Le chien saisit Jupille à la main gauche. Jupille alors terrasse le chien, le maintient sous lui, lui ouvre la gueule avec sa main droite pour dégager sa main gauche, non sans recevoir plusieurs morsures nouvelles, puis, avec la lanière de son fouet, il lui lie le museau, et, saisissant l'un de ses sabots, il l'assomme.

RÉPONSE

DE PASTEUR

Directeur de l'Académie française

au discours de réception de Joseph Bertrand

(10 décembre 1885)

Vous étiez célèbre à dix ans. On prédisait déjà que vous seriez reçu le premier à l'Ecole polytechnique et que vous feriez partie de l'Académie des sciences. Personne n'en doutait, pas même vous. Vous étiez vraiment un enfant prodige. Parfois, vous vous amusiez à vous faufiler dans une classe de candidats aux grandes écoles et quand le professeur de mathématiques abordait un problème difficile, que nul ne pouvait résoudre, un de vos voisins vous prenait triomphalement dans ses bras, vous faisait monter sur une chaise, pour que vous puissiez atteindre le tableau et, aux applaudissements des élèves et du professeur, vous donniez avec une assurance paisible la solution demandée.

Mais, à l'inverse de ce qui attend d'ordinaire les petits prodiges, votre vie a réalisé les promesses de votre enfance. Vous étiez à vingt-cinq ans un de nos plus grands mathématiciens. En géométrie, vous avez constitué plusieurs théories nouvelles et les nombreuses propositions que renferment vos mémoires méritent d'être placées à côté des plus belles d'Euler et de Monge. En mécanique analytique, vous prenez rang à côté des Hamilton et des Jacobi. Vous avez enfin une véritable gloire dans le monde des ingénieurs et des géomètres.

Vos écrits mathématiques, comme ceux de Poinsot, votre maître de prédilection, se distinguent par une grande limpidité qui permet au lecteur de saisir, dans toute leur valeur, les idées ingénieuses ou philosophiques sur lesquelles reposent vos conceptions.

Les principes qui vous guident vont bien au delà de l'objet que vous avez en vue et fournissent au lecteur attentif une arme puissante dont il se sert aisément dans ses propres recherches. Je pourrais en donner de nombreuses preuves. Mais quelque ravissement que cause aux initiés l'étude des sciences mathématiques, je risquerais, si je voulais être trop de votre avis et m'étendre, selon votre expression, sur l'élégance des signes de l'algèbre, de jeter sur la plus grande partie de cet auditoire le sort du palais de la *Belle au bois dormant*. Au lieu d'essayer de vous suivre péniblement dans les chemins où vous avez laissé des notions si précieuses, sur l'analyse, l'astronomie, le calcul des probabilités et la mécanique, il y a un moyen très simple de résumer d'un mot toute votre œuvre et de réunir tous les suffrages, c'est de vous saluer comme un chef d'école.

Peut-être, escorté d'un si grand nombre d'élèves, aviez-vous encore de glorieuses étapes à parcourir quand vous vous êtes brusquement jeté, avec votre intrépidité souriante, dans des œuvres demi-scientifiques et demi-littéraires. Pendant plus de vingt ans, vous avez, d'une main prodigue, semé dans les revues et dans les journaux des articles de toutes sortes. Vous ne cessiez, dit-on, de penser tout bas à l'Académie française et, à travers cet éparpillement apparent de vos forces, de vous exercer au discours que nous venons d'entendre. De cet ensemble d'essais et de notices vous avez dégagé deux livres : l'*Histoire de l'Académie des sciences de 1666 à 1793* et *Les Fondateurs de l'Astronomie moderne*. Dans cette entreprise délicate où vous étiez tenu d'être presque aussi ingénieux que Fontenelle et plus affirmatif que lui, vous avez montré avec un rare talent l'immense variété de vos études. On retrouve dans ces pages la netteté et l'éclat de vos leçons. Par un tour de force dont je connais peu d'exemples, vous avez su rendre la science accessible à tous sans l'abaisser. Vous avez eu ainsi la double fortune de rester un savant pour vos confrères de l'Académie des sciences, tout en devenant un lettré aux yeux des membres de l'Académie française.

Depuis la mort de M. Dumas, tout vous désignait donc, Monsieur, pour lui succéder. Comme lui, secrétaire perpétuel de l'Académie des sciences et vous rapprochant de lui par le don des vues élevées, vous méritiez de recevoir le privilège d'une hospitalité que l'Académie française, fidèle à ses anciens principes, a toujours accordée à deux ou trois hommes de science. Nous sommes ici par faveur de tradition au milieu de tous ceux qui y sont par droit de conquête.

Que vous avez raison, Monsieur, de compter déjà dans votre pensée tout le plaisir que vous donnera la série de vos combinaisons pour varier, en les alternant, un voisinage académique! Vous vous plairez infiniment dans cette rencontre conciliante de toutes les opinions et de tous les genres de talent. Au milieu de ces contrastes qui sont le charme et la force de l'Académie, vous apprécierez l'éloquence sous tous ses aspects, la poésie sous sa forme tour à tour la plus élevée et la plus attendrie, l'art dramatique depuis son analyse la plus pénétrante jusqu'à son rire le plus gai, la critique ne se bornant plus, comme autrefois, à être un cours d'admiration ou un réquisitoire, mais devenue une science investigatrice. Quand on est resté longtemps enfermé comme vous et moi, Monsieur, dans des études spéciales, des études à but fixe, et que l'on y passe encore une partie de sa vie, la brusque transition de l'atmosphère du laboratoire à l'atmosphère de l'Académie cause une impression singulière. C'est comme si, après un long travail de recherches dans une mine où l'on a marché à tâtons, on se trouvait ramené en pleine lumière à un rond-point de verdure, au milieu de grandes avenues. En dépit de critiques dont l'Académie a le droit de sourire en songeant que, du temps de Bossuet, de La Fontaine et de La Bruyère, on l'accusait déjà de n'être plus dans le mouvement littéraire, toutes les qualités de notre race aboutissent à l'Académie française, ces qualités qui s'étendent de l'enthousiasme le plus généreux à la finesse la plus railleuse en passant par la grâce et la mesure. Si les lettres éprouvent de temps en temps le désir de se rapprocher et de se pénétrer des sciences, les délégués des sciences, qui sont admis au milieu des lettres comme des confrères *in partibus*, sentent avec une émotion longtemps nouvelle le privilège de vivre dans l'intimité des idées supérieures que représente l'Académie française depuis près de trois siècles. Aussi, dans cette journée où, par une rencontre bizarre, l'Académie a nommé un savant pour recevoir un savant qui succède à un savant, suis-je moins embarrassé de cette situation un peu fausse, que fier de rappeler ce que fut ce titre de membre de l'Académie française pour les Fontenelle, les Condorcet, les Cuvier, les Flourens, les Biot et les Claude Bernard. Ils l'ont regardé comme le suprême honneur ou la plus délicate surprise de toute leur carrière. Au nom de celui que vous regrettez tous, Messieurs, en face de celui que vous recevez, en mon propre nom enfin, permettez-moi de vous renouveler les mêmes sentiments. Mais je m'exprime comme si j'étais encore un récipiendaire. Que voulez-vous? Je ne m'habitue pas à croire que je puisse parler, fût-ce comme directeur d'un jour, au nom de l'Académie française.

Je reviens à vous, Monsieur.

Dans votre discours que vous avez, comment dirai-je? pailleté d'anecdotes et de citations, la figure de M. Dumas se dégage-t-elle toujours dans sa grave sérénité? M. Dumas ne vous est-il pas un peu apparu, comme vous le voyiez de la place que vous occupiez près de lui, à l'Académie des sciences, de profil seulement? Vous esquissez d'une touche si légère ces soixante-cinq années de travail ininterrompu que l'on oublierait presque, en vous entendant, ce que représentait d'efforts cette vie pleine et glorieuse. Votre souplesse ne se joue-t-elle pas avec trop de facilité autour d'une étude redoutable en ne nous laissant qu'une impression de grâces un peu fuyantes?

Ce premier voyage de M. Dumas, d'Alais à Genève, que vous racontez en quelques mots comme la première excursion d'un enfant de seize ans, m'apparaît et m'émeut comme la tentative courageuse, presque héroïque, d'un jeune homme pauvre attiré vers l'étude. Il me semble le voir, ce petit commis, au fond de cette boutique d'un pharmacien d'Alais, rêvant, un formulaire à la main, de science lointaine, comme un écolier rêve de voyages en lisant *Robinson*. Tout à coup, ses pensées méditatives sont troublées par le bruit de la rue : on est en 1816. La politique a tourné toutes les têtes et la religion, loin d'apaiser les âmes, les a jetées dans la violence. On se bat dans Alais. Trop jeune pour être mêlé à de telles luttes, trop indépendant pour s'y intéresser, Jean-Baptiste Dumas, impatient de travail, déclare à ses parents qu'il veut quitter Alais et se rendre à Genève. Les parents effrayés essayent d'ébranler un tel projet. L'enfant tient bon. Par un changement de rôles attendrissant, c'est le fils qui démontre à son père et à sa mère l'utilité de ce départ. Le voilà sur la grande route, doublant les étapes pour arriver plus tôt vers ce foyer d'études, près de ces facultés de Genève où Candolle enseignait la botanique, où Pictet enseignait la physique et Gaspard de la Rive, la chimie. Tout en s'inscrivant pour suivre leurs cours, M. Dumas obtient un emploi dans une grande pharmacie. Il a un coin de laboratoire : il est pleinement heureux. Dans ce milieu si différent du milieu agité qu'il vient de quitter, il se sent des forces grandissantes. La physique, la chimie, la botanique, il aborde tout. Ses camarades parlent de lui avec enthousiasme et lui demandent de leur faire, à ses moments perdus, des conférences scientifiques. Les professeurs regardent avec intérêt ce travailleur qui, non content de suivre le vaste programme

des leçons, se jette en pleines recherches personnelles. Mémoire sur l'iode, études variées sur le
sang, travaux sur la contraction musculaire et sur
l'hybridité des plantes, il publie tout coup sur
coup. En cherchant sa voie, il marque chacun de
ses pas par la constatation de faits nouveaux qui
tous sont restés dans la science.

Mais Paris maintenant lui apparaît comme
Genève lui était apparue à Alais. A Paris, la
science était représentée par Laplace, Vauquelin,
Gay-Lussac, Alexandre Brongniart, Cuvier, Geoffroy Saint-Hilaire, Arago, Ampère et M. Chevreul,
qui dans quelques mois n'aura que cent ans.

Au nom de cette assemblée tout entière, cher
et illustre maître, permettez-moi de saluer votre
siècle de labeur et de gloire.

Vous avez bien compris, Monsieur, ce que
pouvait être pour M. Dumas la vision lointaine
de tous ces grands hommes. Bien que vous accu-
siez de témérité le départ de ce simple étudiant
qui signait encore ses mémoires : *Un élève en
pharmacie*, et qui, pour l'amour de tels noms,
allait se jeter ainsi en plein inconnu, on sent que
vous eussiez fait comme lui. Tous nous avons eu
de ces entraînements et nous ne nous les repro-
chons guère.

Il y a, en effet, dans la jeunesse de tout homme
de science et sans doute de tout homme de lettres, un jour inoubliable où il a connu à plein
esprit et à plein cœur des émotions si généreuses,
où il s'est senti vivre avec un tel mélange de fierté

et de reconnaissance que le reste de son existence en est éclairé à jamais. Ce jour-là, c'est le jour où il s'approche des maîtres à qui il doit ses premiers enthousiasmes, dont le nom n'a cessé de lui apparaître dans un rayonnement de gloire. Voir enfin ces allumeurs d'âmes, comme disait un de nos confrères, les entendre, leur parler, leur vouer de près, à côté d'eux, le culte secret que nous leur avions si longtemps gardé dans le silence de notre jeunesse obscure, nous dire leur disciple et ne pas nous sentir trop indignes de l'être! Ah! quel est donc le moment, Messieurs, quelle que soit la fortune de notre carrière, qui vaille ce moment-là et qui nous laisse des émotions aussi profondes?

M. Dumas en avait gardé l'ineffaçable souvenir. Pendant que Laplace aimait à causer avec lui de hautes questions de physiologie, l'amitié d'Arago l'introduisait comme répétiteur à l'Ecole polytechnique et Ampère le faisait nommer professeur à l'Athénée. Il se liait en même temps avec des jeunes gens de son âge, le zoologiste Audoin, le botaniste Adolphe Brongniart, le physiologiste Milne Edwards; et au milieu des admirations qu'il éprouvait et de celles qu'il provoquait déjà, vous l'avez dit, Monsieur, il trouvait encore le bonheur : il épousait la sœur de son ami, Adolphe Brongniart.

Si je ne craignais de noyer sous des détails les idées qui, dans un éloge académique, doivent nettement se dégager, je m'arrêterais à cette année 1826. Ce fut une grande date dans la vie de M. Dumas. Il a trouvé sa voie. La chimie sera désormais sa science, son domaine. Bientôt les plus hauts problèmes lui deviennent familiers. Ses mémoires se succèdent sans interruption et comme si tout ce travail ne suffisait pas à éteindre les ardeurs de cette âme active, il publie le premier volume de la *Chimie appliquée aux Arts*; il fonde l'Ecole centrale, il étudie la constitution des éthers, il découvre l'oxamide.

Vous qui avez eu, Monsieur, dans maintes circonstances le talent de rendre avec une telle clarté les idées scientifiques devant un public mondain, que vous êtes arrivé, non pas à lui faire croire qu'il comprenait, mais à lui faire réellement comprendre des problèmes difficiles, n'avez-vous pas éprouvé un scrupule excessif, ou ne m'avez-vous pas fait un sacrifice trop délicat en ne développant pas l'œuvre capitale de M. Dumas en chimie, la théorie des substitutions? Comme vous auriez bien mis en lumière ce moment où la chimie des corps organisés et de leurs principes venait de naître! Elle se trouvait entraînée dans les conceptions de Lavoisier, conceptions fortifiées par les travaux de Berzélius et consacrées par les théories électriques. Le dualisme était partout, c'est-à-dire que partout les espèces chimiques, même les plus complexes, semblaient pouvoir se ramener à un antagonisme de deux substances simples ou elles-mêmes déjà composées. M. Dumas déclara qu'il était d'une opinion entièrement différente. Il envisageait les espèces chimiques comme des édifices moléculaires dans lesquels on pouvait remplacer un élément par un autre sans que l'édifice fût modifié dans sa structure, à peu près comme on pourrait substituer pierre à pierre aux assises d'un monument des assises nouvelles.

Comme devant toute idée neuve, les contradictions se précipitèrent. Berzélius, comprenant que le système dualistique était en péril, déclara qu'il était impossible qu'un élément électro-négatif comme le chlore pût prendre la place de l'hydrogène, élément électro-positif. Mais le jeune chimiste français, comme Berzélius appelait M. Dumas avec l'ironie un peu hautaine d'un vieux savant contredit, le jeune chimiste accumule les preuves. Il entraîne les convictions, il est suivi par les Laurent, les Regnault, les Malaguti, les Cahours, les Deville ; il termine enfin par cet admirable travail sur l'acide acétique chloré où tout l'hydrogène du radical acétique est remplacé par du chlore, atome par atome. Le nouveau composé chloré, comparé à l'acide acétique, dont il dérive, offre les propriétés les plus voisines, de telle sorte qu'à l'idée de substitution d'un élément à un autre, vient s'adjoindre l'idée de parité dans les rôles chimiques des deux corps qui se remplacent, ainsi qu'Auguste Laurent l'avait pressenti et annoncé.

Une grande révolution était faite en chimie. Un mot de Liebig en indique la portée. A l'Exposition internationale de 1867, il y eut un grand banquet des présidents du jury. M. Dumas, qui était à la place d'honneur, questionna Liebig sur les motifs qui l'avaient éloigné de la chimie organique théorique pour s'occuper de chimie agricole. « J'ai renoncé à la chimie organique, lui répondit Liebig, parce qu'avec la théorie des substitutions pour base, la chimie organique n'avait plus besoin que d'ouvriers. »

La période de 1826 à 1848 a été la grande période de gloire de M. Dumas. A la théorie des substitutions il ajoute la théorie des alcools, la théorie des acides gras, les vues fécondes qui lui sont communes avec son grand ami M. Boussingault sur la statique chimique des êtres vivants, les synthèses de l'acide carbonique et de l'eau, qui fixent en les rectifiant les constantes fondamentales de la chimie organique; il professe à l'Ecole centrale, il supplée Thénard à l'Ecole polytechnique et au Collège de France; il est nommé professeur et doyen à la Faculté des sciences; il est partout et partout il exerce une influence et suscite un enthousiasme dont rien ne peut vous donner l'idée. Ah! quel admirable professeur!

J'arrivais du fond de ma province quand je l'entendis pour la première fois. Il avait alors quarante-trois ans. J'étais élève de l'Ecole normale. Nous suivions assidûment ses leçons de la Sorbonne. Longtemps avant son arrivée, la salle était pleine, les hauteurs couronnées de groupes d'auditeurs; les derniers arrivés étaient refoulés jusque dans l'escalier. A l'heure sonnante, il apparaissait. Les applaudissements éclataient de toutes parts, des applaudissements comme la jeunesse seule sait en donner. Toute sa personne avait quelque chose d'officiel : habit noir, gilet blanc et cravate noire, il semblait qu'il se présentât devant le public comme devant un juge difficile, presque redoutable.

La leçon commençait. On sentait dès les premiers mots qu'une exposition claire, facile, quoique mûrement étudiée, allait se dérouler. Comme il cherchait à rendre la chimie populaire en France, il voulait à la fois être compris immédiatement de tous ses auditeurs et habituer les réfléchis à l'esprit d'observation. Nulle surcharge dans les détails, quelques idées générales, des rapprochements ingénieux, un choix d'expériences dont l'exécution était irréprochable. Son art consistait, non pas à accumuler les faits, mais à en présenter un petit nombre, en demandant à chacun d'eux toute sa valeur d'instruction. Son respect pour le public était tel que si son préparateur, M. Barruel, laissait échapper la plus petite faute, M. Dumas était presque déconcerté. Autant il se fût imposé à chacun de ses auditeurs pris isolément, autant leur ensemble le dominait. Un jour, M. Dumas, avec ce ton solennel, un peu théâtral qu'il prenait quand il voulait provoquer une plus vive attention, annonce que par le mélange de liquides contenus dans deux verres, qu'il tenait dans les mains, tel résultat allait se produire. Les réactifs étaient impurs : le résultat est tout autre. M. Barruel court au laboratoire et rapporte de nouveaux liquides. M. Dumas recommence : même insuccès, et l'auditoire de sourire. Plein de confusion, M. Dumas, comme pour cacher la rougeur de son visage, saisit un torchon qui était à portée de sa main et, essuyant machinalement la table placée devant lui, il murmure à voix basse : « Monsieur Barruel, monsieur Barruel, vous me rendez la risée du public. »

Tout autre professeur eût gaiement pris son parti de cette légère déconvenue; mais M. Dumas n'admettait pas le moindre échec dans les expériences de ses leçons si scrupuleusement préparées.

La grandeur des découvertes, le don des idées générales et des vues personnelles, le goût et la recherche des applications utiles de la science, tout un ensemble enfin de qualités maîtresses motive le rapprochement que nous faisions sur les bancs de la Sorbonne et que l'histoire ratifiera du nom de M. Dumas et de celui de Lavoisier. M. Dumas, en parlant de Lavoisier porte ce jugement : « Il avait, dit-il, le calme de la pensée, l'esprit logique, l'imagination brillante et réglée; en toutes choses, l'art d'expérimenter, poussé à un degré qui n'a pas été dépassé. » Dans l'énumération de telles qualités, M. Dumas me semble revivre tout entier.

Je ne puis me détacher de ces premières impressions. Elles ont eu sur ma vie une telle influence! C'est au bas de cette chaire que j'ai éprouvé pour M. Dumas les sentiments qu'il avait éprouvés lui-même pour les grands maîtres de sa jeunesse. Cette éloquence émue, cette raison hardie mais sûre d'elle-même, ces séries de vérités inductives aujourd'hui démontrées, cet enseignement aux grands horizons, tout cela faisait de M. Dumas un de ces éveilleurs d'idées qui suscitent les vocations scientifiques. Quand je fus envoyé au loin professeur suppléant de chimie, son souvenir me soutenait, m'encourageait dans ma solitude. C'est à lui que je songeais toujours, et devant un résultat heureux je me disais : Qu'en pensera-t-il? Plus tard, lorsque, devenu moi-même de plus en plus ardent aux recherches personnelles, j'essayais d'apporter quelques progrès dans cette science où il fut notre maître à tous, une approbation me payait de toutes mes peines. Ce qu'il fit pour moi, il le fit pour tant d'autres! Il avait l'esprit ouvert à tout homme et à toute œuvre.

Au moment où Daguerre méconnu, presque bafoué, rêvait de saisir et de fixer les images de la chambre obscure, personne ne croyait au résultat de telles tentatives. Sa famille inquiète envoya un ami chez M. Dumas pour le consulter, moins sur la valeur de ses essais que sur l'opportunité d'une mesure décisive. On voulait faire enfermer Daguerre dans une maison de fous. M. Dumas, après avoir écouté les doléances effrayées de cet ami plein de sollicitude, plaida avec son ton d'autorité apaisante la cause de Daguerre. Cette cause, il la plaida pendant quinze ans ; il ne se contenta pas de défendre Daguerre, il le soutint, il lui répéta : « Courage », et au bout de ces quinze ans, Daguerre arriva chez M. Dumas, ses planches à la main. Le daguerréotype et par là même son idée-sœur la photographie étaient trouvés.

Mais ce n'étaient pas seulement les inventeurs qui le consultaient. De toutes parts on venait à lui, on s'en remettait à sa haute et calme autorité. Appelé sous le roi Louis-Philippe dans plusieurs commissions parlementaires, il avait eu à donner son avis sur la refonte des monnaies, sur la confection des papiers timbrés, sur les impôts du sel et du sucre. Ses succès d'orateur furent malheureusement aussi grands que ses succès de professeur. Oui, malheureusement, car la politique allait le prendre dans ses engrenages. Il était à peu près perdu pour la science et il n'avait pas cinquante ans !

Au lendemain de 1848, les habitants de Valenciennes lui demandèrent d'accepter la députation et de défendre leurs intérêts industriels menacés. M. Dumas ne se déroba point. Pensait-il que dans ces jours troublés il pouvait rendre plus de services à son pays qu'en restant enfermé dans un laboratoire ? Rêvait-il, après avoir répandu tant d'idées fécondes du haut de chaires universitaires, d'en offrir aux assemblées du haut de la tribune ? Il y eut de tout cela, et peut-être aussi quelque grain d'ambition. Quand, peu de mois après, le prince-président lui offrit le ministère de l'agriculture, M. Dumas accepta sans hésiter, en pensant probablement à Lavoisier, qui avait été fermier général. Il aimait le pouvoir. C'est un goût qui n'est pas original en France, mais ce qui était original, c'était la manière dont il comprenait l'exercice du pouvoir. L'équilibre constant de son esprit, sa modération, son respect du mérite d'autrui, son besoin de ne consulter que l'intérêt général, enfin le don d'être supérieur à ses fonctions faisaient de lui un ministre très particulier. Sénateur sous l'Empire, président du Conseil supérieur de l'Instruction publique, président du Conseil municipal de Paris, président de la Commission des monnaies, il passa vingt années à recevoir des honneurs sans les solliciter et sans en être surpris.

Vous l'avez dit, Monsieur, il avait le goût des grands desseins. C'est qu'en toutes choses il pensait grand. Ainsi que tous les hommes supérieurs, il avait le sens des idées générales. Quel que fût l'objet d'une discussion, il l'élevait jusqu'à lui. Comme il avait au plus haut degré la conscience des services rendus soit par les hommes soit par les institutions, il était toujours prêt à les défendre de son intelligence et de son cœur. A la moindre alerte, il avait l'instinct du danger et de ce qu'il fallait faire pour le déjouer.

Un jour, le Muséum d'histoire naturelle fut à la veille d'être atteint par ce que l'administration, avec son euphémisme habituel, appelait un projet de réorganisation. M. Dumas, sentant que la personnalité morale de ce grand établissement pouvait être menacée, s'écrie comme s'il s'agissait d'un attentat :

« Comment oseriez-vous porter la main sur le Muséum ? Ces belles allées, elles ont été alignées par les mains mêmes de Buffon. Cette école de botanique, elle est l'œuvre des Jussieu. Ces herbiers ont pris naissance par les récoltes de Tournefort et de Vaillant. Cette ménagerie, elle a été improvisée par Geoffroy Saint-Hilaire. Ces animaux fossiles restitués, ces innombrables types d'anatomie comparée, cette classification savante des animaux appartenant aux galeries de zoologie, tout cela conserve la marque ineffaçable de Cuvier. Le voyageur qui pénètre pour la première fois dans cet asile séculaire du travail et de la méditation s'étonne de n'y pas voir exposés au respect de la foule et à l'émulation de la jeunesse les statues ou les images des illustres fondateurs de la science de la nature qui l'ont habité. »

Après l'évocation de tels souvenirs et ce ton même de prosopopée, quel ministre eût osé toucher au Muséum d'histoire naturelle, si ce n'est pour l'honorer et l'agrandir !

Mais, quelque reconnaissance que doivent à M. Dumas les institutions et les savants qu'il ne cessa de protéger et d'honorer durant vingt-deux années de politique active, on ne peut se défendre d'un amer regret en songeant à ce grand espace de vie perdu pour la science. Ce regret, je l'ai senti plus vivement que personne quand, au lendemain de la chute de l'Empire, M. Dumas me demanda, avec un mélancolique sourire, de venir travailler dans mon laboratoire.

Malgré ses soixante-douze ans, il n'avait rien perdu des qualités qui avaient fait de lui un grand investigateur. Outre l'imagination qui, par les idées qu'elle éveille, est l'inspiratrice de toute recherche, il possédait encore dans sa force entière le don d'observer, d'interroger l'expérience et cet esprit de critique ingénieuse et décisive qui sait enfermer les faits dans une explication théorique. L'étude qu'il publia en 1872 sur les fermentations mérite de prendre place à côté de ses lointains mémoires précédents. Et en travaillant près de lui, avec lui, je retrouvais, moi son élève vieilli, toutes mes émotions et tous mes enthousiasmes de jeunesse. Ah! pourquoi la politique l'avait-elle éloigné de la science? Pourquoi faut-il que cette accapareuse prenne trop souvent les meilleurs, les plus forts d'entre nous? Un de vos prédécesseurs, Monsieur, disait ici même, il y a deux ans, à la place où vous êtes :

« Quand je songe à l'attrait impérieux, irrésistible des sciences et des lettres et que je rencontre un écrivain ou un savant, en un mot un penseur qui se fait homme politique, j'admire son abnégation. Sacrifier la paix auguste du laboratoire, la féconde solitude du cabinet au devoir de l'homme d'Etat dans le tumulte et le bruit de la

vie publique est un héroïsme devant lequel je
m'incline. »

Héroïsme, soit, dirai-je à mon tour, lorsque,
pour me servir d'une expression familière, on ne
peut pas faire autrement, lorsque le pays vous
appelle à son secours dans un jour de désastre.
Mais que de sauveurs en disponibilité passent
leur temps à offrir leurs secours que personne ne
réclame! La vraie conduite de la vie consiste à
discerner dans quelle mesure on contribuera le
mieux à la fortune publique. Ne peut-on pas
servir utilement et glorieusement son pays sans
prétendre à la solution de problèmes qui ne ressemblent pas, Monsieur, à ceux que vous aimez?
Dans les problèmes politiques la preuve est si
difficile à donner! Ce que la politique a coûté
aux lettres, la littérature le calcule souvent avec
effroi. Mais la science elle-même peut faire le
triste dénombrement de ses pertes. De part et
d'autre, combien de forces déviées de leurs cours
vont s'abîmer inutilement dans des questions trop
souvent aussi mouvantes et aussi stériles qu'un
monceau de sable!

En plus d'une circonstance d'ailleurs, M. Dumas a laissé percer le sentiment de tristesse que
lui causait ce long détournement de sa vie :

« Le vrai bonheur », disait-il, il y a peu d'années, dans une sorte d'examen rétrospectif de sa
propre carrière, « le vrai bonheur m'apparaît sous
la forme du savant consacrant ses jours et ses
veilles à pénétrer les secrets de la nature et à

découvrir des vérités nouvelles. Laplace, Cuvier, Candolle, Brongniart, ajoute-t-il, en se reportant vers ses premiers et meilleurs souvenirs, ont connu la vie heureuse. Animés de l'amour de la vérité, indifférents aux jouissances de la fortune, ils ont trouvé leur récompense dans l'estime publique. »

Les dernières années de M. Dumas furent remplies par les fonctions de présidences de commissions internationales, présidences acclamées, qui étaient autant de solennels hommages rendus par les savants du monde entier à sa supériorité. Il y apporta ce don suprême d'agréments et de lumières que l'Académie française se plaisait à goûter en lui et ces autres qualités dont chaque semaine, à l'Académie des sciences, nous étions les témoins émerveillés. Avec quelle hauteur de vues, avec quelle modération et quelle sagesse il intervenait dans les discussions ! Souvent, quand, emporté moi-même dans une lutte vis-à-vis de confrères que j'estime et que j'aime profondément, je me laissais cependant entraîner, pour la défense de la vérité, à une expression trop vive (je n'étais pas alors de l'Académie française), un regard presque suppliant de M. Dumas s'arrêtait sur moi et s'efforçait de calmer mon animation. Partageant encore ce dernier trait de ressemblance avec Lavoisier, M. Dumas n'était pas un homme de discussion, mais un homme de persuasion. Sa sérénité dominatrice s'étendait sur toute une assemblée.

On raconte qu'à la mort du grand Cuvier, Arago s'écria : « Cette mort nous rapetisse tous. »

Vous, Monsieur, qui avez été pendant plus d'un quart de siècle le confrère de M. Dumas, qui avez partagé avec lui la direction des travaux de l'Académie des sciences, vous ne me démentirez pas si je dis à mon tour que la mort de M. Dumas nous a tous diminués.

Et maintenant que vous et moi nous avons rendu, selon les touchantes traditions de l'Académie française, un double hommage à cette grande figure, permettez-moi, dans ce dernier adieu que j'envoie à celui qui fut mon maître et mon ami et dans ce souhait de bienvenue que je vous adresse, de rapprocher un instant vos deux noms et vos deux destinées. De bonne heure vous avez eu l'un et l'autre les ambitions généreuses qui font les hommes de progrès et de force nationale. L'un et l'autre, par une somme étonnante de travail, vous avez exercé sur le développement des études une influence heureuse et durable. En vivant dans la familiarité intellectuelle des grands esprits disparus, vous vous êtes, l'un et l'autre, inspirés de leurs méthodes et de leurs idées directrices. Vous avez eu, l'un et l'autre, la gloire d'ajouter à leur propre gloire. Rien n'a manqué à l'éclat de vos deux destinées et vous avez reçu dans leur plénitude les témoignages de reconnaissance qui vous étaient dus.

S'il m'était permis de terminer par une de ces idées générales qu'aimait M. Dumas, je dirais

que vous et lui vous êtes la personnification de ce
que peuvent atteindre à notre époque les existences laborieuses. Le vrai mérite dans la vraie
démocratie, voilà ce que vous représentez tous
deux.

La vraie démocratie est celle qui permet à
chaque individu de donner son maximum d'efforts dans le monde. Un commis de pharmacie
d'Alais s'élevant, par son travail, à la présidence
des savants du monde entier, quel grand exemple! Pourquoi faut-il qu'à côté de cette démocratie
féconde, il en soit une autre stérile et dangereuse
qui, sous je ne sais quel prétexte d'égalité chimérique, rêve d'absorber et d'anéantir l'individu dans
l'Etat? Cette fausse démocratie a le goût, j'oserais
dire le culte de la médiocrité. Tout ce qui est
supérieur lui est suspect. En renversant le sens
d'une phrase célèbre du général Foy, on pourrait
définir cette démocratie : la ligue de tous ceux
qui veulent vivre sans travailler, consommer sans
produire, arriver aux emplois sans y être préparés,
aux honneurs sans en être dignes.

Soyez donc le bienvenu, Monsieur, à l'Académie française, dans cette République des lettres
qui a la passion de tous les talents, qui consacre
à certains jours toutes les vertus et qui place
dans la supériorité en toutes choses l'idéal de
l'égalité.

LETTRE

A LA BARONNE LE PIN

qui l'avait complimenté pour le discours prononcé
à l'Académie française en réponse à Joseph Bertrand

(18 décembre 1885)

Paris, ce 18 décembre 1885.

JE *suis très sensible, Madame, à vos chaleureux compliments sur ce discours dont le succès a été très grand, en effet. C'est une joie pour moi de me le dire à cause de la famille de mon cher et vénéré maître qui en a été fort touché.*

Mais c'est vous, Madame, qu'il faut féliciter sur les qualités de votre style. Vous joignez à la facilité des femmes qui écrivent bien des qualités viriles de pensée et de raisonnement qui vous distinguent grandement au milieu d'elles. Si j'étais à la place de M. Le Pin, je vous supplierais d'écrire avec le ferme désir de vous faire imprimer : mémoires, romans, pensées... Que sais-je? Vous feriez tout très bien.

J'ai retardé forcément, Madame, cette très courte réponse à cause de mes mordus en traitement. Je commence ce matin la 104e personne.

Qui aurait cru à tant de victimes? La plupart sont de la France, mais déjà on vient de l'Angleterre, de la Russie, de la Hongrie, de l'Italie, de l'Allemagne. Je voudrais m'arrêter. Impossible! J'aurais voulu ne prendre que des mordus à morsures récentes. Impossible! Quelle raison alléguer? L'intérêt de la méthode l'exigerait. L'humanité s'y oppose.

Recevez, je vous prie, Madame, la nouvelle expression de mes hommages respectueux, avec un bon et amical souvenir à M. Le Pin.

Nos chers enfants vont tous bien. Mme Pasteur me charge avec eux tous de vous saluer affectueusement. Nos Danois (en congé) sont et veulent être compris.

LETTRE

A J.-B. JUPILLE

le berger de Villers-Farlay inoculé au mois d'octobre 1885

(14 janvier 1886)

J'ai *bien reçu toutes tes lettres. Les nouvelles que tu me donnes de ta bonne santé me font grand plaisir. Mme Pasteur te remercie de ton souvenir. Avec moi elle souhaite, et tout le monde au laboratoire, que tu ailles toujours bien et que tu fasses le plus de progrès possible en lecture, en écriture et en calcul. Ton écriture est déjà bien meilleure que par le passé. Mais fais beaucoup d'efforts pour apprendre l'orthographe. Où vas-tu en classe? Qui te donne des leçons? Travailles-tu chez toi autant que tu le peux? Tu sais que Joseph Meister, le premier vacciné, m'écrit souvent. Or, je trouve, quoi qu'il n'ait que dix ans, qu'il fait des progrès bien plus rapides que toi. Applique-toi donc le plus que tu pourras. Perds peu de temps avec les camarades et suis en toutes choses les avis de tes maîtres et les conseils de ton père et de ta mère.*

Rappelle-moi au souvenir de M. Perrot, maire de Villers-Farlay. Peut-être que sans sa prévoyance tu aurais été malade, et être malade de la rage, c'est la mort infailliblement. Tu lui dois donc une grande reconnaissance. Bonjour et bonne santé.

BILLET

A GUEYTON

petit garçon inoculé contre la rage

(23 janvier 1886)

Mon cher petit Gueyton,

P OURQUOI *ne m'envoies-tu pas de tes nouvelles comme tu me l'as promis? Je crains
que tu ne saches pas écrire. Dans ce cas,
fais tous tes efforts pour apprendre à bien lire
et à bien écrire. Si tu as besoin de quelque
argent pour te donner quelques loisirs et payer
un instituteur, fais-le moi savoir. Ta bonne
physionomie m'a inspiré pour toi un grand intérêt. Je suis persuadé que tu peux très bien
apprendre et que tu pourrais par la suite te placer convenablement. Enfin, mets-moi au courant
de ta famille. As-tu un père et une mère? As-tu
des frères et des sœurs? Si tu ne peux écrire,
fais-moi faire des réponses à mes questions par
le maire de ta commune, par l'instituteur, par le
curé. Porte-toi bien. Bonjour.
    Voici, joint à cette lettre, un mandat-poste de
10 francs.*

DISCOURS

prononcé en présence du Président de la République

à l'inauguration de l'Institut Pasteur

(14 novembre 1888)

Monsieur le Président,

Messieurs,

Celui qui, dans vingt ans, écrira notre histoire contemporaine et recherchera quelles
ont été, à travers les luttes des partis, les
pensées intimes de la France, pourra dire avec
fierté qu'elle a placé au premier rang de ses préoccupations l'enseignement à tous les degrés.
Depuis les écoles de village jusqu'aux laboratoires
des hautes études, tout a été soit fondé, soit
renouvelé. Elève ou professeur, chacun a eu sa
part.

Les grands maîtres de l'Université, soutenus
par les pouvoirs publics, ont compris que, s'il
fallait faire couler comme de larges fleuves l'enseignement primaire et l'enseignement secondaire,
il fallait aussi s'inquiéter des sources, c'est-à-dire

de l'enseignement supérieur. Ils ont fait à cet enseignement la place qui lui est due. Une telle instruction ne sera jamais réservée qu'à un petit nombre; mais c'est de ce petit nombre et de son élite que dépendent la prospérité, la gloire et, en dernière analyse, la suprématie d'un peuple.

Voilà ce qui sera dit et qui fera l'honneur de ceux qui ont provoqué et secondé ce grand mouvement. Pour moi, Messieurs, si j'ai eu la joie d'aller, dans quelques-unes de mes recherches, jusqu'à la connaissance de principes que le temps a consacrés et rendus féconds, c'est que rien de ce qui a été nécessaire à mes travaux ne m'a été refusé.

Et le jour où, pressentant l'avenir qui allait s'ouvrir devant la découverte de l'atténuation des virus, je me suis adressé directement à mon pays pour qu'il nous permît, par la force et l'élan d'initiatives privées, d'élever des laboratoires qui non seulement s'appliqueraient à la méthode de prophylaxie de la rage, mais encore à l'étude des maladies virulentes et contagieuses, ce jour-là, la France nous a donné à pleines mains.

Souscriptions collectives, libéralités privées, dons magnifiques dus à des fortunes qui sèment les bienfaits comme le laboureur sème le blé, elle a tout apporté, jusqu'à l'épargne prélevée par l'ouvrier sur le salaire de sa rude journée.

Pendant que se faisait cette œuvre de concentration française, trois souverains nous donnaient un témoignage de sympathie effective. Sa Majesté

le Sultan voulait être un de nos souscripteurs ;
l'Empereur du Brésil, cet empereur homme de
science, inscrivait son nom avec la joie d'un
confrère, disait-il, et le Tsar saluait le retour des
Russes que nous avions traités par un don vraiment impérial.

Devant les médecins russes qui travailleront
dans nos laboratoires et sont déjà présents parmi
nous, j'adresse au Tsar l'hommage de notre res-
pectueuse gratitude.

Comment toutes ces sommes ont été centra-
lisées au Crédit Foncier de France et l'usage qui
en a été fait, vous venez de l'apprendre, Messieurs.
Mais ce que M. Christophle ne vous a pas dit,
c'est avec quel souci il a géré ce bien national.

Avant la pose de la première pierre, le comité
de patronage de la souscription a décidé, malgré
moi, que cet Institut porterait mon nom. Mes
objections persistent contre un titre qui réserve
à un homme l'hommage dû à une doctrine. Mais,
si je suis troublé par un tel excès d'honneur, ma
reconnaissance n'en est que plus vive et plus profonde. Jamais un Français s'adressant à d'autres
Français n'aura été plus ému que je ne le suis en
ce moment.

La voilà donc bâtie, cette grande maison dont
on pourrait dire qu'il n'y a pas une pierre qui ne
soit le signe matériel d'une généreuse pensée.
Toutes les vertus se sont cotisées pour élever
cette demeure du travail.

Hélas! j'ai la poignante mélancolie d'y entrer

comme un homme « vaincu du temps », qui n'a plus autour de lui aucun de ses maîtres, ni même aucun de ses compagnons de lutte, ni Dumas, ni Bouley, ni Paul Bert, ni Vulpian qui, après avoir été avec vous, mon cher Grancher, le conseiller de la première heure, a été le défenseur le plus convaincu et le plus énergique de la méthode!

Toutefois, si j'ai la douleur de me dire : Ils ne sont plus, après avoir pris vaillamment leur part des discussions que je n'ai jamais provoquées, mais que j'ai dû subir ; s'ils ne peuvent m'entendre proclamer ce que je dois à leurs conseils et à leur appui ; si je me sens aussi triste de leur absence qu'au lendemain de leur mort, j'ai du moins la consolation de penser que tout ce que nous avons défendu ensemble ne périra pas.

Notre foi scientifique, les collaborateurs et les disciples qui sont ici la partagent.

Le service du traitement de la rage sera dirigé par M. le professeur Grancher, avec la collaboration des docteurs Chantemesse, Charrin et Terrillon.

M. le ministre de l'Instruction publique a autorisé M. Duclaux, le plus ancien de mes élèves et collaborateurs, aujourd'hui professeur à la Faculté des sciences, à transporter ici le cours de chimie biologique qu'il fait à la Sorbonne. Il dirigera le laboratoire de microbie générale.

M. Chamberland sera chargé de la microbie dans ses rapports avec l'hygiène ; M. le docteur Roux enseignera les méthodes microbiennes dans leurs applications à la médecine. Deux savants russes, les docteurs Metchnikoff et Gamaleïa, veulent bien nous prêter leur concours. La morphologie des organismes inférieurs et la microbie comparée seront de leur domaine.

Vous connaissez, Messieurs, les espérances que nous donnent les travaux du docteur Gamaleïa. C'est à dessein que je me sers du mot *espérances*. L'application à l'homme est loin d'être faite en ce moment; mais la plus rude étape est franchie.

Constitué comme je viens de le dire, notre Institut sera à la fois un dispensaire pour le traitement de la rage, un centre de recherches pour les maladies infectieuses et un centre d'enseignement pour les études qui relèvent de la microbie. Née d'hier, mais née tout armée, cette science puise une telle force dans ses victoires récentes qu'elle entraîne tous les esprits.

Cet enthousiasme que vous avez eu dès la première heure, gardez-le, mes chers collaborateurs, mais donnez-lui pour compagnon inséparable un sévère contrôle. N'avancez rien qui ne puisse être prouvé d'une façon simple et décisive.

Ayez le culte de l'esprit critique. Réduit à lui seul, il n'est ni un éveilleur d'idées, ni un stimulant de grandes choses. Sans lui, tout est caduc. Il a toujours le dernier mot. Ce que je vous demande là et ce que vous demanderez à votre tour aux disciples que vous formerez, est ce qu'il y a de plus difficile à l'inventeur.

Croire que l'on a trouvé un fait scientifique important, avoir la fièvre de l'annoncer, et se contraindre des journées, des semaines, parfois des années à se combattre soi-même, à s'efforcer de ruiner ses propres expériences, et ne proclamer sa découverte que lorsqu'on a épuisé toutes les hypothèses contraires, oui, c'est une tâche ardue.

Mais quand, après tant d'efforts, on est enfin arrivé à la certitude, on éprouve une des plus grandes joies que puisse ressentir l'âme humaine, et la pensée que l'on contribuera à l'honneur de son pays rend cette joie plus profonde encore.

Si la science n'a pas de patrie, l'homme de science doit en avoir une, et c'est à elle qu'il doit reporter l'influence que ses travaux peuvent avoir dans le monde.

S'il m'était permis, Monsieur le Président, de terminer par une réflexion philosophique provoquée en moi par votre présence dans cette salle de travail, je dirais que deux lois contraires semblent aujourd'hui en lutte : une loi de sang et de mort qui, en imaginant chaque jour de nouveaux moyens de combats, oblige les peuples à être toujours prêts pour le champ de bataille, et une loi de paix, de travail, de salut qui ne songe qu'à délivrer l'homme des fléaux qui l'assiègent.

L'une ne cherche que les conquêtes violentes, l'autre que le soulagement de l'humanité. Celle-ci met une vie humaine au-dessus de toutes les victoires ; celle-là sacrifierait des centaines de mille existences à l'ambition d'un seul.

La loi dont nous sommes les instruments cherche même à travers le carnage à guérir les maux sanglants de cette loi de guerre. Les pansements inspirés par nos méthodes antiseptiques peuvent préserver des milliers de soldats.

Laquelle de ces deux lois l'emportera sur l'autre? Dieu seul le sait. Mais ce que nous pouvons assurer, c'est que la science française se sera efforcée, en obéissant à cette loi d'humanité, de reculer les frontières de la vie.

DISCOURS

prononcé dans le grand amphithéâtre de la Sorbonne
à la célébration du soixante-dixième anniversaire de sa naissance

(27 décembre 1892)

Monsieur le Président de la République,

Votre présence transforme tout : une fête intime devient une grande fête et le simple anniversaire de la naissance d'un savant restera, grâce à vous, une date pour la science française.

Monsieur le Ministre,
Messieurs,

A travers cet éclat, ma première pensée se reporte avec mélancolie vers le souvenir de tant d'hommes de science qui n'ont connu que des épreuves. Dans le passé, ils eurent à lutter contre les préjugés qui étouffaient leurs idées. Ces préjugés vaincus, ils se heurtèrent à des obstacles et à des difficultés de toutes sortes.

Il y a peu d'années encore, avant que les pouvoirs publics et le Conseil municipal eussent donné à la science de magnifiques demeures, un homme que j'ai tant aimé et admiré, Claude Bernard, n'avait pour laboratoire, à quelques pas d'ici, qu'une cave humide et basse. Peut-être est-ce là qu'il fut atteint de la maladie qui l'emporta ! En apprenant ce que vous me réserviez ici, son souvenir s'est levé tout d'abord dans mon esprit : je salue cette grande mémoire.

Messieurs, par une pensée ingénieuse et délicate, il semble que vous ayez voulu faire passer sous mes yeux ma vie tout entière. Un de mes compatriotes du Jura, le maire de la ville de Dole, m'a apporté la photographie de la maison très humble où ont vécu si difficilement mon père et ma mère. La présence de tous les élèves de l'Ecole normale me rappelle l'éblouissement de mes premiers enthousiasmes scientifiques. Les représentants de la Faculté de Lille évoquent pour moi mes premières études sur la cristallographie et les fermentations qui m'ont ouvert tout un monde nouveau. De quelles espérances je fus saisi quand je pressentis qu'il y avait des lois derrière tant de phénomènes obscurs ! Par quelle série de déductions il m'a été permis, en disciple de la méthode expérimentale, d'arriver aux études physiologiques, vous en avez été témoins, mes chers confrères. Si parfois j'ai troublé le calme de nos Académies par des discussions un peu vives, c'est que je défendais passionnément la vérité.

Vous enfin, délégués des nations étrangères, qui êtes venus de si loin donner une preuve de sympathie à la France, vous m'apportez la joie la plus profonde que puisse éprouver un homme qui croit invinciblement que la science et la paix triompheront de l'ignorance et de la guerre, que les peuples s'entendront, non pour détruire, mais pour édifier, et que l'avenir appartiendra à ceux qui auront le plus fait pour l'humanité souffrante. J'en appelle à vous, mon cher Lister, et à vous tous, illustres représentants de la science, de la médecine et de la chirurgie.

Jeunes gens, jeunes gens, confiez-vous à ces méthodes sûres, puissantes, dont nous ne connaissons encore que les premiers secrets. Et tous, quelle que soit votre carrière, ne vous laissez pas atteindre par le scepticisme dénigrant et stérile, ne vous laissez pas décourager par les tristesses de certaines heures qui passent sur une nation. Vivez dans la paix sereine des laboratoires et des bibliothèques. Dites-vous d'abord : « Qu'ai-je fait pour mon instruction ? » Puis à mesure que vous avancerez : « Qu'ai-je fait pour mon pays ? » jusqu'au moment où vous aurez peut-être cet immense bonheur de penser que vous avez contribué en quelque chose au progrès et au bien de l'humanité. Mais, que les efforts soient plus ou moins favorisés par la vie, il faut, quand on approche du grand but, être en droit de se dire : « J'ai fait ce que j'ai pu. »

Messieurs, je vous exprime ma profonde émo-

tion et ma vive reconnaissance. De même que,
sur le revers de cette médaille, Roty, le grand
artiste, a caché sous des roses la date si lourde qui
pèse sur ma vie, de même vous avez voulu, mes
chers confrères, donner à ma vieillesse le spectacle qui pouvait la réjouir davantage, celui de
cette jeunesse si vivante et si aimante.

TESTAMENT

DE

PASTEUR

CECI *est mon testament :*

Je laisse à ma femme tout ce que la loi me permet de lui laisser.

Puissent mes enfants ne jamais s'écarter de la voie du devoir et garder toujours pour leur mère la tendresse qu'elle mérite.

L. PASTEUR

Paris, le 29 Mars 1877.
Arbois, le 25 Août 1880.

TABLE DES MATIÈRES

ACHEVÉ D'IMPRIMER LE XVII DÉCEMBRE
MCMXXVII EN CARACTÈRES DE DEBERNY
ET PEIGNOT SÉRIE XVIII SUR PAPIER
VÉLIN B F K FILIGRANÉ AU CHIFFRE DE
LA SOCIÉTÉ LES BIBLIOPHILES COMTOIS
SUR LES PRESSES DE L'IMPRIMERIE
JACQUES ET DEMONTROND A BESANÇON
LE PORTRAIT DE PASTEUR EST L'ŒUVRE
DE F.-L. SCHMIED QUI L'A GRAVÉ SUR BOIS
ET IMPRIMÉ SUR SES PRESSES A BRAS

www.ingramcontent.com/pod-product-compliance
Lightning Source LLC
LaVergne TN
LVHW020606180726
843502LV00002B/384